【文庫クセジュ】

朝鮮史

［増補新版］

李玉著
金容権訳

白水社

Li Ogg, *Histoire de la Corée*
(Collection QUE SAIS-JE? N°1310)

目　次

日本語版によせて

私がこの本を執筆しようとした第一の動機は、朝鮮民族の過去を知りたいと思っている読者の関心に応えようとしたところにある。第二は、読者の社会的・文化的探究心をこの本を通じて起こさせる意図があった。

このような読者を想定して叙述したために、内容はできるだけ簡潔にするよう心がけた。そのために、専門家の個人的な見解については、執筆意図とともに紙幅などの関係上省かざるをえなかった。

私は、日本の読者が隣国の人びとに対する正しい理解を深めるうえで、本書がその礎の一つとなることを望んでやまない。

さらに一言つけ加えさせていただくと、この『朝鮮史』に姉妹編とでもいうべき、ジャック・ブズー＝マサービュオー氏の『新朝鮮事情』(Jacques Pezeu-Massabuau, *La Corée*, Coll.« Que sais-je? » n°1820, P.U.F.,1981.)〔邦訳『新朝鮮事情』(菊池一雅／北川光児訳)、白水社文庫クセジュ六六九番〕を参照していただければ、いっそう理解を深めるであろう。

このささやかな日本語版の出版に尽力された訳者・編集者両氏に、フランスの地から感謝の気持ちを送る次第である。

一九八三年九月　パリにて

李　玉

第一章　上古

Ⅰ　先史時代

1　最初の入植

朝鮮半島にはじめて人が住みついたのは、いつのことか。地球上のこの地域における人類出現の時期を定めることは概算でしかわからないので、ここではやむをえず、人類がこの地に旧石器時代以来住みついたことを確認するにとどめておく。朝鮮半島における旧石器時代の存在は、戦後確認され、約二〜三万年前には半島全体にゆきわたっていたものと推定できる。だがこれら旧石器人が現在の朝鮮民族の原型かどうかはわかっていない。旧石器時代の有名な遺跡として、咸鏡北道鐘城《ハムギョンブクトチョンソン》の潼関鎮《トングワンジン》、雄基《ユンギ》の屈浦里《クルボリ》、平安南道《ピョンアンナムド》中和《チユンフア》の祥原邑《サンウオンウプ》、忠清南道公州《チユンチョンナムドコンジユ》の石荘里《ソクチャンリ》、忠清北道堤川《チユンチョンブクトチエチョン》の浦《ポ》田里《ジョンリ》などが挙げられる。また、新石器時代はほぼ紀元前五〇〇〇〜三〇〇〇年前に始まったものと考えられている。

ところで最初の住民はどこから来たのか。これについては今のところよくわかっていない。朝鮮半島の種族が新石器時代にすでに混血であったと信ずるに足る充分な理由はたしかにあるが、中国北部と満州の先史時代の居住民族についてまだ解明されていないため、専門の学者の研究には困難が生じている。周知のように、言語学者たちは朝鮮語をアルタイ語族やウラル＝アルタイ語族に結びつけようとした。しかし実際、半島の新石器人が同一の言語を使っていたという確証はない。また、いくつかの語彙の類似性をとりあげ、朝鮮語がモンゴル語、ツングース語、トルコ土語、あるいは東に目を向けて日本語に似ていると結論づけるのは、あまりにも大胆すぎるといえよう。つまり、音声学上の一貫した対応関係が持つべき学問的価値が、それらの「類似性」のなかには見あたりそうもないのがその理由である。

それに考古学、民俗学、言語学のどの領域についても「朝鮮的《コレアン》」と名づけることは、古代では意味がない。西暦九一八年から一三九二年まで半島を支配した高麗《コリョ》（中国語の発音ではカオリ）王朝の名から生じたこの名の使用は、やっと十世紀に入ってからのことである。ヨーロッパでは十六世紀以後のことである。

最近の朝鮮の歴史学者によれば、人びとの移住はまず半島西岸に沿って北から南へと進んでいったらしい。さらにふたつの経路があり、そのひとつは鴨緑江《アムノクカン》中流域を経て中部へと向かい、今ひとつは豆満《トマン》江《ガン》を渡って東岸沿いに進んでいったという。これは明らかに皮相的にすぎる見方である。地形的に見て、西部の斜面や水利のよい平野（大同江《テドンガン》流域、漢江《ハンガン》流域）への入植が最も行なわれやすかったにちがいない。

2　新石器時代の遺跡

先史時代、半島に人類が存在したことは、「新石器時代」の土器や器具の発掘された遺跡によって立証されている。いくつかの「貝塚」の規模と密度を見ると、人の群れがこの地に早くからやってきて、やがて定住したことがわかる。それでもやはり大部分の人びとは移動を行ないつづけた。海辺や川辺に住むとき、彼らは漁労生活をしていた。このことは、銛の先端、骨の釣針、そして網のうきなどがその場に見られることで明らかである。しかし新石器時代の多くの小規模の共同体では、狩猟や、野生の果実、食用の貝類、藻類などの採取もまた行なわれていた。

3　新石器時代の土器

朝鮮半島から発掘される土器はおおむね三つの主な範疇に分けられる。すなわち、（一）表面に文様の施されていない、内壁の厚い壺（円底無文土器、紀元前四〇〇〇年頃）、（二）少なくともいくつかのモチーフから判断して「櫛《くし》の目」文様を入れたと思われる土器（櫛目文《くしめもん》土器、紀元前三〇〇〇年頃）、（三）なめらかな表面が酸化鉄で赤く染められたと思われる土器（彩文土器、紀元前一八〇〇年頃）である。考古学者のあいだではこの第一の範疇に属する土器を、とくに中国北部地方一円、モンゴル、満州で採集された同種のものと結びつけて考える傾向がある。同様に、第二の土器も、その一定の類似性から、モンゴル、シベリア、さらにヨーロッパ北部にも見られた粘土製の壺に近似のものと考えられる。そして、第三の範疇の土器は、中国の広州や湖南地方、とりわけ南モンゴル出土の新石器時代の土器との関連性を示している。

総体的に、第一の範疇のものは平凡な仕上がりで、底辺が平たく、色は赤褐色である。これらは総じて、海岸からかなり遠い大同江、漢江、錦江《クムガン》、洛東江《ナクトンガン》の流れに沿ったなだらかな段丘状の、多少手を加えられた砕いて作った石器が豊富な地点でよく見られる。第二の範疇の土器の特徴は、同じく赤味がかっており、底が丸いことである。首のあたりには、短い線や点が刻まれている。これらは第一の土器に比べてはるかに海岸近くで、それもしばしば磨製石器・武器と同時に発掘された。第三の範疇に属する土器の分布圏は、朝鮮半島の北方地帯に限られている。表面に光沢のある土器である。

このように史料がまだあまりに不充分なため、朝鮮半島における土器製造技術の進展を描き出すことは不可能であり、さらに朝鮮の土器のいくつかと、朝鮮半島北方周辺や日本南部出土のものとのあいだにいかなる類縁性があるかについても、断定を下すことができない。

4　先史時代の道具と武器

朝鮮半島で採取される打製石器はまちがいなく、よく知られた磨製石器の作られた時代よりも以前へとさかのぼる。だが、両者が時に地殻変動によって同じ地層面で発見されることもある。

武器は石を削ったり磨いたりしてつくった斧と、矢じりと、槍の穂先である。磨製石器の包丁は三日月型で、刃が斜めになっており、人間が初歩的な農耕を営んでいた上層新石器時代の特徴を示している。専門学者はおおむね、この「鎌の刃」がある種の穀物の穂のとり入れに使われたと考えている。ここで注目すべきは、この種の包丁が中国で使用され、朝鮮半島を渡り、紀元前三世紀初めからは日本列島南部へ至り、そこで、中国起源の金属品（武器・鏡・小銭）が散発的に使われたのちにも、まだ使用されていたということである。

斧や手斧《ちような》とまちがわれやすいが、鍬の先端が半島で発見され、種子を砕く石も発見されたことで、さらに、稲作導入と金属鍬の使用以前に初歩的な農業の存在したことが結論づけられる。

5　墓制と死の信仰

死者はふつう仰向けに寝かせられた。足は西に、頭は東に向けてあることが多い。墓所はあるものは石塚のようなもの、またあるものは棺で、ときにはふたつの大壺を接合したものもある。故人の魂（より正確には「肉体から離れた霊」）はあの世で存在しつづけるので、その霊魂は生きている子孫らの運命を左右すると考えられ、供物が行なわれる。しかし霊魂が「鎮め」られ、純化、聖化されてほかの死霊とともに祖先となるや、子孫らは故人の助けと保護を受けることになる。

6　ドルメン（支石墓）

多数のドルメンが発見されたことで、ひとつの問題が提起される。それらには、ひとつだけ孤立した状態のものもあれば、ふつう南北に、三～四個の、ときには約四～五〇ものの集まりとして配列されたものもある。一般に、朝鮮半島の北端に位置するドルメン群は、南部に見られるものより規模が大きい。黄海北道《ファンヘブクト》の殷栗《ウンユル》地方にある最大のドルメン群のなかには、垂直に建てられた岩（メンヒル）のうえに九メートルもの蓋石が水平に置かれたものがある。しかしながら、このような地域的な区分けは、南側（韓国）にだけあると思われていた型のドルメンが、最近平壌《ピョンヤン》の東南三二キロメートルの大城里《テソンリ》でもふたつ発見されたため、それ以来絶対的な意味を持たなくなった。これらドルメンは墓所であったが、今では荒らされてしまっているというから、それらが上層新石器時代のものなのか、あるいはそれより以降のものなのか、判断するにたる遺跡が残されていない。

Ⅱ　檀君と箕子

神話の伝えるところによると、開祖檀君《タングン》とは、洞穴での百日の修行ののち贖罪の儀式（もぐさとにんにくの摂取）のかいあって女性に変身した熊（熊女《ウンニョ》。熊は音読みではウンで、訓読みではコム）が、桓雄《ハンウン》なる者と結ばれてできた子で、一般的に「静かな朝」と訳される朝鮮《チョソン》国の始祖である。檀君はまた別名王倹《ワンゴム》（ワン「王」＋コム「殿、熊《コム》」？）ともいい、そのこと自体すでに、伝説上の英雄に「王」の権威を与えようとして神話的に作りだされたことをものがたっている。一方、のちの人たちは、明らかに自分たちに正統性を付与する目的でこの朝鮮国を箕子《キジャ》と関係づけることになる。『漢書』（地理志）によれば次のとおりである。「（中国王朝の）殷が危機にひんして箕子は……朝鮮〔国〕に赴いた。〔そこで〕人びとに祭式、稲〔作〕、〔養〕蚕、機織を教えた」。こうして箕子は朝鮮王国の開祖となり、この国（古朝鮮）は前二〇六年頃まで、つまり前漢の到来まで続いた。この伝承をいかに受けとろうと、漢と対立していた多数の人びとが安住の地を求めて鴨緑江を渡って朝鮮半島の北部へ来る道を選んだとみるべきであろう。いずれにせよ、文献史料によれば、これら亡命者のひとりの衛満《ウイマン》が千余の兵を率いて朝鮮半島に入り、中国人の生活様式を断って土着の生活様式を行なったのである。朝鮮王国の西漸を助けるという条件のもとに、彼はこの王国の「百里の領土」を箕子の後裔である準王《チュンワン》からもらい受けた。ところが衛満は、実際にはすぐに後見人と衝突し、結局朝鮮国を奪ってしまった。

Ⅲ　衛満朝鮮

ひとたび朝鮮国の支配者となるや、衛満《ウイマン》は前一九四年頃、城塞都市の王倹城《ワンゴムソン》（現在の平壌付近）に都を定めた。歴史家はあいにく、衛満およびその後継者たちの統治に好都合だったであろうその後の年代記については、何も提示できないでいる。

前一二八年、衛満の孫の右渠《ウゴ》に反対する諸首長が二八万人を率いて前漢に降ると、漢の武帝は滄海《チャンへ》郡を置いてこの地方を支配しようとしたが、前一二六年これを断念した。よく考えてみれば、当時中国北部に蔓延した飢餓、中国北方要塞線での匈奴による略奪、そして夷狄の侵入から帝国を守るべき漢の騎馬団の兵馬不足は、漢に対抗する右渠王の拡張政策にとっては好都合であった。この政策とは、一方で中国その他からの亡命者をできるだけ多く自領地に引き込み、他方で、朝鮮半島の未開諸種族が朝鮮に敵対して中国王朝と関係を結ぼうとするのを妨げることである。とにかく、前一〇九年に漢の武帝が右渠に働きかけた和議工作は失敗した。それだけではない。使命を果たせず帰路についた中国の密使が護衛の朝鮮の朝臣を殺し、ついでその罪人を右渠王が暗殺に付したとき、漢と朝鮮との関係は急速に悪化し、武帝が朝鮮王国に対してふたつの部隊を陸・海に同時に放つに至った（前一〇九年）。

だが、このふたつとも敵を思いのままに降すことができず、武帝はふたたび和議を試みる。そして結局最後には陰謀にうったえたため、前一〇八年、右渠王は、包囲された都で、内応した臣下の大臣の手で殺された。こうして、前一〇八〜一〇七年に朝鮮半島のなかに、四つの軍事的な「領」（＝「郡」）を打ち建てた。（一）楽浪郡、朝鮮半島の中部、大同江下流域を占める。（二）玄菟郡、楽浪郡と中国遼東地方とを結ぶ地域。（三）臨屯郡、朝鮮東岸に向かって楽浪郡を東部に結ぶ地域。（四）真蕃郡、楽浪郡の占める中部からの支配力をさらに南方へと拡大する目的のために設けられた。(1)

（1）「中国史料では、このとき武帝の侵略軍は単に衛氏の王朝を滅ぼしただけでなく、原朝鮮文化圏の全域を制圧して楽浪など四郡を設置し、直轄統治したとされる。しかし真蕃・臨屯・玄菟の三郡は初めから所在も定かでなく影が薄いうえに、名目的にも二〜三〇年後には廃止されてしまう。ただ、楽浪郡のみは名目はずっと続き、今の平壌に置かれていたとされてきた。しかし、当時の東アジアにおいて、原中国文化圏と原朝鮮文化圏とは軍事的に相拮抗する両大勢力であり、実際遠征の不利もあって、武帝の侵入はけっして成功とはいえない。だから極言すれば、漢の楽浪郡は武帝の頭のなかにだけあって、せいぜい遼東に仮設されたにすぎないとみられる（申采浩《シンチェホ》の所説）。一方、この頃、遼東古朝鮮とは別に、平壌に、武帝をして征服を夢みさせるにたるような王朝が存在したことが推定されるが、この平壌の無名の王朝（申采浩らは、「楽浪国」とよんでいる）は、一時的な侵寇くらいはこうむったかもしれないが、基本的に征服されずに存続したと考えることもできる。ただその詳細を伝える文献がなく、その王朝の早い段階に造られた巨大な支石墓が残るのみである。漢の楽浪郡の遺構とされてきた平壌郊外のいわゆる『楽浪郡墓』は、たしかに漢字や中国系遺物をふくむが、平壌王朝側が一方では漢と戦いつつ、その文化を主体的に受容した遺跡と見なすことができる。実際、その出土品全体の構成は漢族本来のそれとはかなりちがうものなのである」（梶村秀樹『朝鮮史』）〔訳注〕。

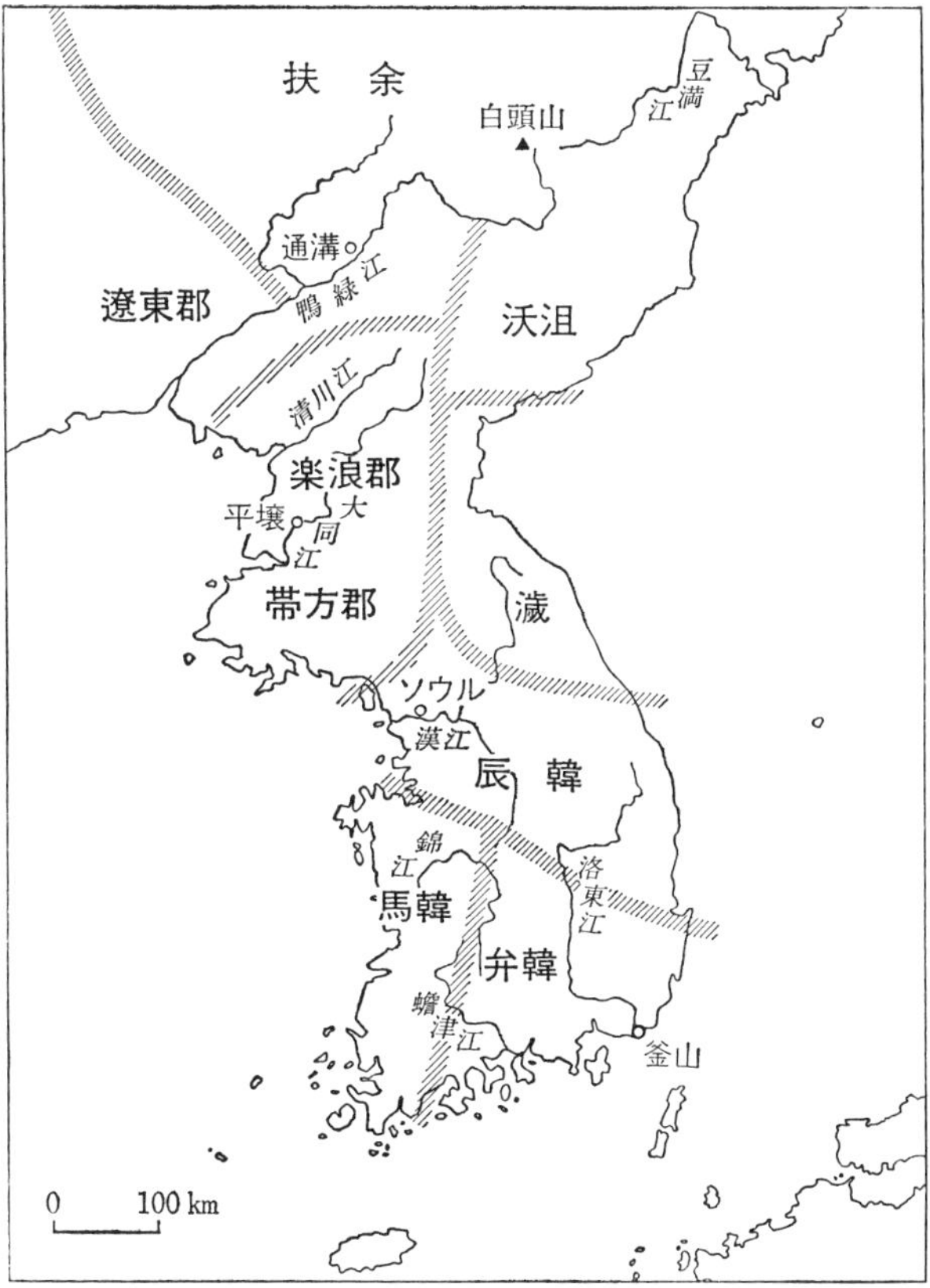

図１「漢の支配」と土着の部族（紀元前３世紀～１世紀）

Ⅳ　中国の郡県支配

独立心が強く百戦錬磨の地方首長との衝突を主な原因として、かなり弱体化してしまった中国側はやがて前八二年になって周辺にある真蕃郡と臨屯郡を放棄し、遼東郡により近く、より服従させやすい郡に部隊を宿営させた。その後、玄菟郡は高句麗《コグリヨ》（後出、二四ページ以降参照）に脅かされ、大事をとって政治の中心（郡治）を鴨緑江以北に移した。玄菟郡の南部は楽浪郡に吸収され、楽浪郡はさらにそれぞれ南と東のふたつの県に分かれた。結局楽浪郡も状況の悪化にともない、漢を倒した新国の王莽（西暦九～二四年）の支配下に入った。新は一時楼上とも呼ばれた。後漢は西暦三〇年頃楽浪郡にしっかりと足場を固めようと試みたが、これは長期的な反乱を呼んだ。当時中国側を迎え撃った半島西北部の抵抗は、それほど熾烈をきわめていたのである。事実、中国側がこの地方を占拠できたのは、後方に陸・海路が作られ、要塞化された拠点が配備されてからのことである。この拠点は遼東郡を、楽浪郡の前進司令基地にほぼ確実に結べるよう充分な防御が施されていた。

二〇五年頃、当時遼東郡および楽浪郡で権勢をふるっていた公孫康《コンソンガン》が楽浪郡の南部を分割し、そこに新たに帯方郡を設置した。この手直しは、中国の政治的支配を半島西岸に沿って、漢江河口にまで拡大しようとする要求に応えるものであった。しかしそれは中国のねらいにかなったとは思われない。事実、楽浪郡は二七四年頃晋の支配下に置かれたが、三一三年以降は解かれてしまう。帯方郡も三一四年その大部分が高句麗の支配下に入った。

歴史家にとって重要なことは、朝鮮半島のこれらの地域に中国文化がきわめて深い刻印を残したという事実である。実際、前三世紀から西暦五世紀までのこの地域に関する唯一の資料源が中国の文献である以上、朝鮮半島を歴史に登場させた功績は前・後漢両王朝に求めざるをえまい。そして、朝鮮半島の土着種族が石器の使用から金属器の使用へと移行していったのは、明らかに中国文化との接触過程においてである。

このことに関する考古学者たちの意見はほぼ同じである。もし青銅器が前二世紀以後中国北部より半島西北部へ流入しはじめたのであれば、鉄器や鉄製武器は半島において、移住民、入植者、少数の地方首長らによって紀元前には一円的でないにしても用いられたはずである。そのうえ、これら青銅の、ついで鉄の武器や道具がたとえば楽浪郡などの地域で、おそらくそれは遼東郡からもたらされた技術によって作られたことが知られている。もっとも、慎重にみると、中国北部周辺でさらに以前に異民族の「鍛冶職人」が存在した可能性も考えられなくもない〔最近の研究では、朝鮮における青銅器時代は紀元前七〇〇年頃、鉄器時代は紀元前四〜三世紀頃だといわれている〕。

『漢書』（地理志）によると、楽浪郡には二五県六万二八一二戸に、四〇万六七八四人が住んでいた。一方、玄菟郡にはせいぜい四万五〇〇〇人いるにすぎなかった。

中国郡主、楽浪郡高官の墓所だけでなく、祖先を崇める中国化された「異民族」貴族の墓所でも発見された物品の完成度と多様性は、中国周辺の極北東のほかのどの地域にも、紀元一世紀になっても見られない高度の文化が存在していたことを証明している。

楽浪の時代、墓は盛土で覆われ、中は木や煉瓦で組まれていた。天井は円形をしたものがよく見られる。通路が前室をつらぬき、さらに玄室（主室）へと通じる。そこには、鉄製武器、金・銀・硬玉でできた装身具、加工した青銅の鏡、香炉、模様の描かれたさまざまな木製の漆器（皿、籠、椀）、さらに、絹布、錦、そして主な品に限れば、常用馬具などがともに納められている。そこに描かれた不死鳥、亀、龍などすべての装飾模様は、疑いなく大陸に連なるものである。「孝心」の鑑であった男女の着る服装は、これもやはり大陸風で、これら豪華な墓所のひとつで見出された薄い竹製の漆塗りを施した籠の装飾模様として使われている。こうした服装をした人びとは、孝心を扱った中国の古典『孝経』にも現われている。

一九一八〜四五年のあいだ、日本の考古学者らの発掘した墓のなかにあったこれらのものは、科学出版物の対象となったし、また今もなっている。すばらしい図版入りのこれらの本は、前・後両漢王朝、さらには魏王朝時代の中国文化についてのこれまでの知識を完全に新たなものにし、また広げてくれもした。そして、彫りつけられたいくつかの模様からすると、当時まだ完全に同化しないでいた「異民族」の貢献を考慮に入れなければならない。南北朝鮮の考古学者は今も、まだまだ宝物の全容を見つけ出したとはいえない。また秘密が明らかにされたというには程遠い土地を発掘しつづけている。

楽浪郡の大同江近くに建てられた居住区はそれだけで、東西七〇九メートル、南北六〇〇メートルの長さで、総面積三九万六六〇五平方メートルを占めている。そこには今でも、煉瓦歩道と下水渠の跡の位置がはっきりと認められる。この郡の行政組織については、今もなおよく知られていない。

すでに見たように、半島西北部に居住していた「異民族」の族長たちは、早くから中国北部の文化的影響を受けていた。以来彼らは極東の地で、きわめて重要な役割を果たすようになる。事実、部分的に中国文明を受けいれると同時に、彼らはみずからの独立を守り、また中国のものとは明らかに異なった伝統・制度・風習・信仰を維持するために、力づよく戦ったのである。

第二章　半島における新しい国家の形成（前一世紀〜七世紀）

Ⅰ　高句麗の起源

前三七年頃、もとの玄菟郡の領土に建国された高句麗《コグリヨ》「国家」の始祖、朱蒙《チユモン》（あるいは東明王《トンミヨンワン》）は扶余《プヨ》の出で、鴨緑江北岸に移住した種族を支配していた。

『魏書』〔高句麗伝〕は次のように記している。「高句麗は扶余から生じた……。その始祖を朱蒙と称した。朱蒙の母は……扶余王によって部屋に幽閉された。太陽が彼女を照らした。彼女はわが身を守ろうと太陽を避けた。が、なおも陽の光は彼女を追った。そのとき彼女は五升《スン》（一升《スン》は一・八リットル）ほどの巨大な卵をはらみ、懐妊した。扶余王が〔卵を〕犬に投げ与えた。〔しかし〕犬はいっこうにそれを食べようとしない。こんどは豚にやったところ、豚もそれを食べない。ついに路上に捨てたが、牛も馬もそれを避けて通った……。扶余王は卵を打ち壊〔そうと〕したがならず、それを母親に返してしまった。母は〔卵を〕暖かいところに……置いた。すると卵の殻を破って少年がひとり出てきた。少年は正常に育った。人は彼を朱蒙と呼んだ……」。弓術にたけた朱蒙は王の憎しみの的となった。だが、母からすぐ王の殺意について知らされた彼は、みずからを「太陽の息子」と称すると、王の追手を逃れ、高句麗の長として知られるようになり、やがて後継ぎの息子をひとりもうけた。

高句麗の都ははじめ、鴨緑江中流の佟佳江《トンガガン》流域にあったが、西暦三年に現在の通溝《トング》近辺に、ついで四二七年には現在の平壌の地に移ったと考えられている。北から南へのこの遷都の目的は、鮮卑のたびかさなる侵入を防ぐため――四〇〇～六〇〇年のあいだに数回あった――と、百済《ペクチェ》の地方征服の企図を完全に打ち破ることにあったと思われる。実際に三六九年以降、百済は、高句麗にとって重大な脅威であった。

要するに、『三国史記』（第一巻）によれば、少なくとも高句麗の軍事力は近隣のどの「異民族」よりも強く、それは前二八年にすでに沃沮《オクチョ》族（後出、二六ページ参照）の北方領土を奪い、前九年には鮮卑のいくつかの種族を配下に置いたほどである。漢を倒し新国を建てた王莽《オウモウ》（前四五～西暦二三年）が、一二年に匈奴を攻撃するために高句麗の軍事援助を得ようとしたことも、高句麗の軍事力のほどをはっきりと証してくれる。さらに二二年、高句麗が扶余の「王」を討った事実からも、同様の結論がひき出されるだろう。

『魏書』（高句麗伝）によると当時の高句麗には、およそ三〇〇〇〇戸の人びとが住んでいた。国政には、五部（涓奴《ソノ》・桂婁《ケル》・絶奴《チョルノ》・順奴《スンノ》・灌奴《クアンノ》）が積極的に加わった。王は涓奴・桂婁両部からかわるがわる選ばれ、王妃はふつう絶奴部から選ばれた。部族の長の集会ですべての重要な国事を決定し、大加（＝大貴族）という一種の特権層が、賦役を強いられた下層の農夫・人夫の労働と貢ぎ物によって生活していた。

やはり『魏書』によれば、結婚後、夫はまず妻の実家に住み、少なくとも子が生まれ育つまでのあいだ、義理の両親のために働いた。

Ⅱ　沃沮族と東濊族

沃沮族は、その数約五〇〇〇戸と考えられ、五六年（?）高句麗の支配下に入った。高句麗はこれら配下の部族に、毛皮（黒貂《てん》?）・布・魚・塩の密輸を要求した。他の史料によると、沃沮族の一部は半島北部の山中に住み、また一部は東岸地域に居をかまえた。沃沮族のあいだでは、故人の骨は体が完全に乾燥したのちにはじめて入棺された。約二万戸をなす東濊《トンウイ》族は、東海岸線に沿って散在しながら、しなやかな弓を作っては、それを小馬やあざらしの皮とともに、諸郡の中国人のもたらす物品と交換していた。彼らの世界では、牛馬や「奴隷」が損害賠償として、与えられることがあった。

Ⅲ　三韓

漢江流域以南に位置する地帯に関しては、それが「三韓《サムハン》」によって占められていたことを、中国の歴史文献が示している。すなわち、(一)半島東南中部、東岸に広がる地域に住む辰韓《チンハン》、(二)洛東江をはさんだ、辰韓の西に位置する弁韓《ビョンハン》、(三)半島南西部の広い地域を占める馬韓《マハン》がそれである。

三韓は七八をくだらない数の小国に分かれており、全部で九万〜一〇万を抱えていた。彼らは米・小麦・粟・いんげん豆を耕作し、馬・牛・豚・鳥を飼い、養蚕を行なっていた。弁韓の人びとは鉄を製造したが、鉄は辰韓・馬韓ばかりか諸郡の中国人、はては日本列島の住民からも求められていたため、彼らは鉄を物々交換による取引品目としたのである。

『三国志』(魏志東夷伝)の伝えるところによると、韓族は「鬼神《クイシン》」(福と禍をもたらすという霊)を信じており、国や村にはそれぞれ「天神」を祀《まつ》る人がいて「天君」と呼ばれている。また諸国にはそれぞれ、蘇塗《ソト》と呼ばれる特別な聖域があり、大木に鈴や太鼓をかけて鬼神を崇めたという。この祭礼のシャーマン的性格については、強調する必要もなかろう。

馬韓では、死んだ首長の来世の旅の道づれとして、牛馬がいけにえとなった。弁韓では、墓のなかに「風」の羽が入れられた。この羽はおそらく昇天のとき故人の魂を死者のすみかへと運ぶ役目をしたのであろう。これらシャーマン的な祭礼自体、「アルタイ族」と呼ばれる人びとのあいだや、また日本にまで見うけられるものと似ている。逆に、高句麗のところで見たように、また新羅《シルラ》(後出、二八ページ参照)の場合もそうだが、開祖の王の奇跡的な出生に関する伝説は、土着的要素とともに、古代中国のいく人かの帝王の出自に関する説話にみられる特徴も示さずにはいない。

Ⅳ　百済の起源

馬韓の北東部に住んでいたある部族が、歴史上の百済の起こりと思われる。ところが伝承によると、百済王族の祖先ははるか遠くから、つまり北方の扶余《プヨ》からやってきたことになっている。そうすると、現在忠清道《チュンチョンド》にある扶余《プヨ》の起こりも明らかになろう。ともかく、百済の形成は前一八年にさかのぼる。高句麗（前出、二四ページ参照）の伝説的始祖、朱蒙の子である温祚《オンジョ》が、現在のソウル一帯にひとまず、ある期間滞在した。ここで重要なのは、生まれたばかりの百済なる国家がその勢力を漢江下流域から半島の東南海岸へと拡大し、さらに地理的事情から、ときを移さず一方で、北側に隣接した高句麗・帯方郡と、他方で東の隣国（辰韓など）と戦いを始めたということである。

Ⅴ　新羅の起源

百済の東隣に新羅という「国」があった。新羅の中枢は、辰韓一二部族のひとつ斯盧《サロ》族からなっていた。伝説によれば、新羅国の始祖である朴赫居世《パクヒョゴセ》は、「天の使い」（一匹の白馬）が地上に生み落とした卵から生まれた。鶏がこのシャーマン的な神話にさらに色をそえることになる。つまりこの神話によって、金《キム》(「黄金」)氏が最大の権威を得るわけである。正式には、新羅の建国は前五七年にさかのぼる。

さて、西暦三世紀初頭から新羅が半島における優位を確保する(六六八年)までの、高句麗・百済・新羅の発展について、順次述べてみよう。

Ⅵ 高句麗・百済・新羅の角逐

高句麗は開国以来、大陸の勢力と衝突した。漢王朝滅亡後、魏が、遼東および玄菟郡領域への高句麗侵入を終わらせようと、二四四年軍隊を送った。その結果、高句麗の都、丸都《ホワンド》が攻略された(二四六年)。ところが魏の終末を呼ぶ争いに乗じ、高句麗はやがて、残存する大陸系の郡を滅ぼし、その領土を拡大する機会を得る。三一三年、三一四年と二度にわたる東晋の敗北により、高句麗は楽浪・帯方両郡をも支配下に置くに至る。やがて三八五年頃、玄菟郡・遼東郡も同様の運命を辿り、こうして燕周辺の国力ははなはだしく低下した。

領土拡大をとげた高句麗はさらに、南西の百済および東南の新羅に攻撃をかけた。このとき以来つづくこれら三国の争いは、半島におけるヘゲモニー争奪戦であった。百済が三九二年に高句麗に一〇余の城をあけわたし、新羅宮廷は高句麗に要人を送って質子となした。新羅のこの服従はまた、当時自国への闖入をくりかえしていた倭に対抗するため、高句麗の軍事援助が必要だったこととも関連している。事実、三九九年高句麗は倭との戦いに介入した。ついで百済が、新羅がやむなくそうしたように、高句麗に対し丁重な服従の態度をとったため、三国のあいだに休戦が成立した。休戦は四五〇年までは何とか続いたが、この年の国境事件を契機に高句麗を一方に、新羅（四五〇年）および百済（四五五年）を他方にする小ぜりあいが、ふたたび始まった。

しかし、新羅は何より倭人との戦いに力を集中せねばならなかった。この努力は成果をあげ、非常に重要な結果をもたらした。朝鮮半島から倭人を最終的に追いたてることができたのである。

新羅の領土拡大がどこまでであったかは、第二十四代真興王《チンフン》（五四〇～五七六年）の四碑に刻まれた記録からおしはかられる。四碑は真興王の代に建てられたが、発見場所はそれぞれ、現在の昌寧《チャンニョン》地方（慶尚南道）、（北漢山《ブッカンサン》）ソウル近郊、黄草嶺《ファンチョリョン》（咸鏡南道の北部）、利原《イウォン》近郊摩雲嶺《マウンリョン》（咸鏡南道利原近郊）である。

一方、百済はというと、四七二年以降、魏に高句麗出兵を要請しつづけた。この外交的策略は効を奏さずに終わり、大陸北部の新王朝・隋が六〇七年になってやっと高句麗出兵を決定した。隋の介入は高句麗とともに百済にも重大な結果をもたらすことになる。両面政策をとる新羅は急遽、新王朝に朝貢を行なった（六〇八年および六一一年）。しかしながら、隋の高句麗に対する最初の遠征（六一二年）も、二度目の遠征（六一三年）も失敗に帰したため、高句麗の屈服（六一四年）といってもそれはまったく形式上のものにすぎず、とりわけ隋が弱化して、新たに興った唐王朝のまえに滅んで（六一八年）からは、意味をうしなった。新羅は以後、敵国に対抗して唐の支援の確保に汲々とする。政治的に

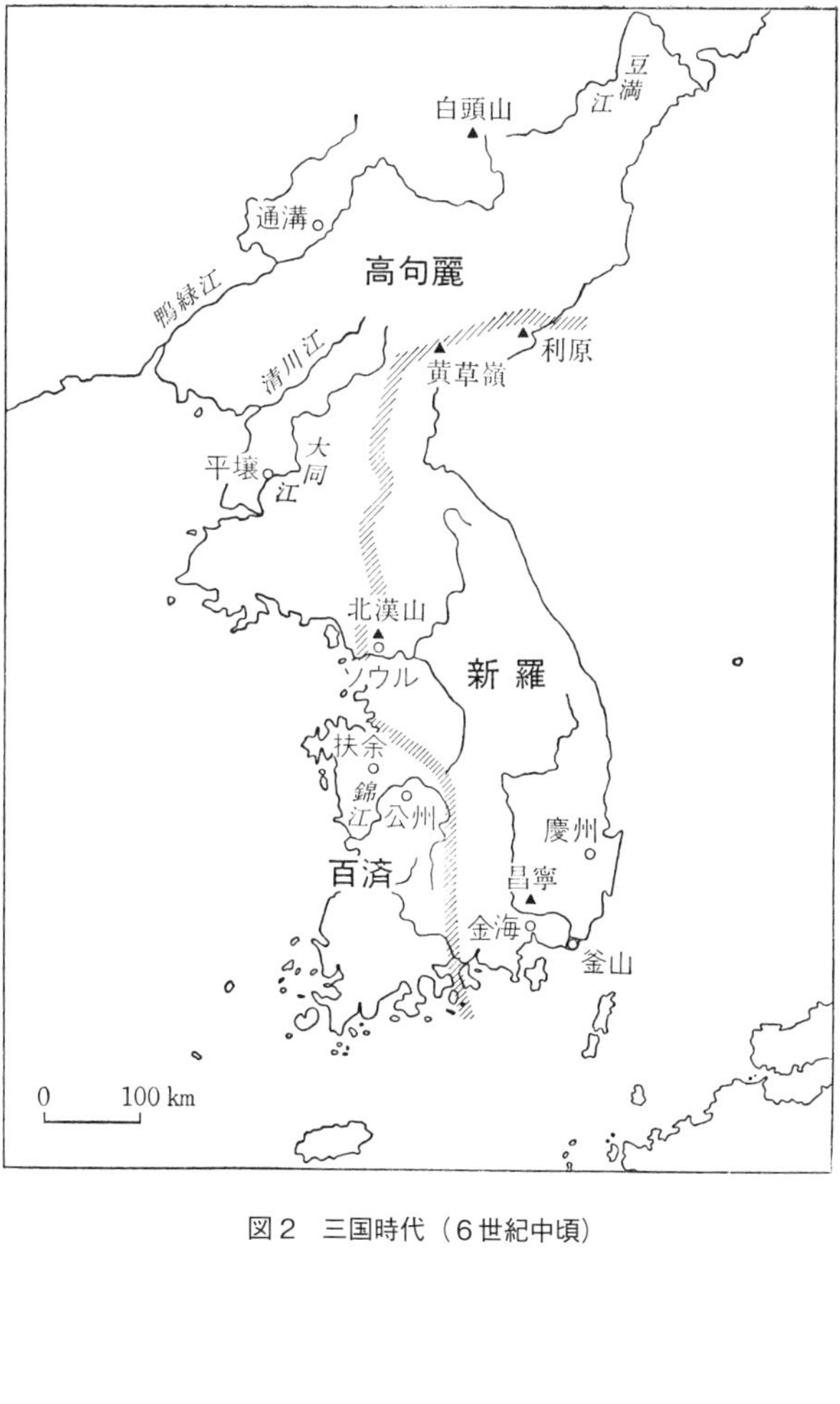

図2　三国時代（6世紀中頃）

は、唐の宗主権を急いで認め、軍事的にも高句麗の後方を脅かすことのできる同盟者と認めた。隋に比べはるかに慎重だった唐は、大陸におけるみずからの権力がまだ堅固でないあいだは、「夷をもって夷を制する」にとどまった。ところが高句麗・百済が最後に新羅と袂を分かつや（六四二年）、唐の皇帝はついに行動へと移った。六四五年高句麗に向かってなされた最初の遠征のときの口実は、唐の使者のひとりが入獄させられたことで、天子の雪辱をするということであったが、実際は、遼東地域を唐の直接支配下に置こうとするものであった。

この最初の前面攻撃に破れた唐の戦略家たちは、高句麗を前・後方から同時に討たないかぎり勝利のないことを理解した。この策略は百済領域への侵入と、新羅との積極的な協力を前提とした。当時新羅には、金庾信《キムユシン》将軍（五九五〜六七三年）らの、軍略にすぐれた名将がいた。この期間新羅が唐の年号を採用していたことは、金氏王族の連命が当時いかにその強大な同盟者と結びついていたかをものがたってくれる。

新羅・唐共同作戦によって——おそらくずっと後のことだが——日本の援助（白村江の戦いの敗北、『資治通鑑』「唐記」第一七巻および『日本書紀』第六一巻参照）もあったが、結局まず百済が崩れ（六六〇〜六六三年）、高句麗はやっと六六八年になって滅亡した。両国を征服することによって、唐は百済の故地に五都督府なる保護国を、ついで平壌に安東都護府を設置し、高句麗の領土をみずから統治することが可能になった。

次の年（六六九年）、唐が大規模な強制移住に着手、高句麗人三万八三〇〇戸以上と百済の農民一万二八〇七名、それに唐の将軍・蘇定方によって引率された捕虜たちは、北部中国へ移された。ちなみに、高句麗の投降朝臣の子、高仙芝《コソンジ》は、七五六年の唐の安禄山に対する反乱鎮圧のさい頭角を現わしている。

Ⅶ　四〇〇〜六五〇年の文化の発展

公的な使節以外に、明らかに中国人ないし中国に帰化したあまたの旅行者や投降兵が、西暦二〜五世紀にかけて、当時の未開社会にとって未知の思想・文物を朝鮮半島へ流入させるにあずかって大いに力があった。ここでは紙数の関係上、基本的な事実を記すにとどめる。

1　中国思想の流入

高句麗で漢字による教育のための太学《テハク》（最高学府）が建てられたのは、三七二年のことである。若い貴族の男子がこれに通った。他に、私学の扃堂《キヨンダン》では、文官が漢字・漢文の初歩を教え、その他の教官が弓術を教えた。公務に携わる書記や年代記編者らは、土着の文字がないため、漢字を使った。文官とともに、仏教の僧侶が漢字の普及に力を尽くしたのは、もちろんのことである。そしてまた文官・僧侶とも、その大部分が中国の移住民、あるいは少なくともその子孫、混血児であったことも明らかである。百済の貴族階級は、高句麗のそれに比べかなりの遅れをとっていたので、ずっと遅くやっと四世紀末になって中国文献の講読にとりかかったものと思われる。ここでも、一部の貴族は中国人あるいは中国帰化の移住民の助けを借りた。

一方、新羅王は五〇三年になるまで、公式には王号を名のらなかった。新羅王が王国の行政を中国式に編制しようとしたのは、それからおよそ二〇年後（五二〇年）のことである。高句麗・百済両宮廷の例にならって、新羅宮廷もやがて、中国本土の、たとえば「国学」への留学の特典を得る。

2 仏教

この外来宗教が前秦の宮廷から派遣された僧侶・順道によって、高句麗にはじめて公伝されたのは、三八四年（枕流《チムニュ》王元年）とされている。百済に仏教をもたらした功績は胡僧（胡は中央アジア、満州の意味）摩羅難陀《まらなんだ》に帰せられよう。中央アジア出身（一説にインド出身ともいう）の彼は、三八四年東晋の孝武帝によって百済宮廷に派遣されたのである。新羅仏教は、隣接の国々を通じて五世紀末に始まったと認められている。が、これを根拠に、新羅社会がこの外来宗教に即座に深く改宗したと、結論づけてはならない。王族の首長など一部の族長が大乗仏教を認めて奨励したとみるほうが、真実にはるかに近いだろう。それは何よりも、彼らがこの仏教に超自然的な力があり、それが災害・悪疫・病疫から彼らと扶養家族を守ってくれると考えていたからである。事実、彼らにとって僧侶や修多羅《スートラ》、曼荼羅や偶像は奇跡を起こす守護神となったのである。

3 芸術

中国仏教美術が朝鮮半島の、とくに高句麗へ与えた影響をおしはかることのできる遺跡は、きわめてまれであるが、そのなかで最も注目すべきは、壮麗な彩色壁画であるといっても過言ではないだろう。この壁画は、現在の平壌の西および北近郊で発見された古墳の棺室の内壁を飾っている。

これらの壁画には、中国仏教的あるいは高句麗独特の着想によるモチーフとともに、数多い外国の影響（いわゆるステップ芸術）も見うけられる。素描の完成度や、色彩の多様さと輝きによって真の傑作といえるこれらの壁画は、死者をきわめて荘厳に埋葬した当時の少数貴族の信仰を研究するうえで、第一級の史料となっている。たしかに、この少数派を成す大貴族のいく人かが外国の出でありうることには、注意を払うべきである。たとえば、三五七年安岳《アナク》古墳（平壌南西約六〇キロメートル）に埋葬された人物は、燕に反逆して三三六年高句麗へ逃げてきた佟寿《トンジュ》という名の中国移住民であると考えて当然である。とにかく、この人物の正体がだれであろうと、彼の暮らしぶりはその贅沢さにおいて、明らかに楽浪郡を治めていた中国高官のそれに匹敵する。この古墳壁画に登場する描写対象（龍・蛇・鶴にのった天神・仏陀・菩薩・飛天像《アプサラ》など）に、当時の人びとが賦与していた守護神的な力は、少なくとも貴族の精神と審美性には重要なものであった。歴史家の関心はより専門的に、死者の「霊魂」のために生前の生活環境をとどめようとする場面のかずかずに向けられる。生前の環境とはここでは、歌や踊りの宴会の様子、虎や鹿を弓で射る馬上の猟師の姿や、槍を手に鎧をつけた馬にまたがった胸甲騎兵どうしの戦闘場面のことをいうのである。これらの壁画はすべてリアリズムの所産であるが、初期高句麗の名将たちの生活様式をこれ以上忠実に描いているものにお目にかかることは難しい。

初期高句麗の領土に、これら豪奢な壁画のいくつかが奇跡的に残存するだけに、百済絵画芸術の遺物がすっかり失われたことは、いっそうくやまれてならない。百済の阿佐《アチョワ》太子が日本に渡って、聖徳太子（五七二～六二二年）の彩色肖像画を描いたことは知られている。しかし、朝鮮半島から来た画家たちが、七世紀末、奈良の法隆寺のあの華麗な壁画の制作に参加したかどうかについての正確な評価は、いまだに困難である。さいわい、青銅あるいは金の仏陀・菩薩の座像がいくつか残っており、それらは百済仏教の彫像術が明らかに魏からの影響を被っており、やがてのちに両国の彫像術が、日本に浸透していったことを示してくれる。

百済時代の舎利石塔のうち、最もよく当時の模様を伝えるものとして、扶余《プヨ》と益山《イクサン》（全羅北道）に現存する五重の塔がある。これらは七世紀のものである。

新羅の芸術に関していうと、現在の慶州《キョンジュ》のすぐ近く、新羅の旧都跡で発掘された王陵のなかに集められているおびただしい数の家財には驚かされる。なかでも、最もよく知られた土墳「金冠塚《キムクアン》」の名称は、そこで発見された壮麗豪華な装身具に由来する。

この金冠は外冠と内冠から成っており、外冠は純金の環帯の上に並び立った三本の「木」に、それぞれ枝が釣合よく突き出ており、この様式化された枝先の左右にはそれぞれ丸みのある節を持った金の葉柄が飾られている。内冠は後ろに広げた鳥の翼の形をした金で、その表面はあざやかに透彫りされている。そしてこの内・外冠には、日本の考古学者が「曲玉《まがたま》」と呼んだ数多くの鉤型の石と、歩揺《ポヨ》という小さな金片が、みごとな配列でぎっしりと吊るされている。金冠の構成に見られるシャーマン的性格は明白である。「木」（前出、二七ページ参照）はアルタイ圏に見うけられ、――鳳凰台で発見された金冠にも、三本の木がある――さらに、葉柄についても同様である。そこには、天上界・霊界へ近づける「はしご」を見ることができる。最後に翼だが、これはたんにシャーマニズム信仰と関連するだけでなく（前出、二七ページ参照）、この場合、新羅の金《キム》（「黄金」）氏の神話的起源にふかく結びつく鶏信仰の存在とも関連がある（『三国遺事』第四巻および本書巻末の「参考文献」に挙げたハグナウアー氏の諸研究参照）。「金冠塚」と呼ばれるこの古墳には、象徴的な対をなす飾りのついた豪華なベルトもあるが、それにもやはり明らかにシャーマン的性格が認められる。

祭儀用の焼物の壺・盃の質のすばらしさにもまた、目を奪われる。これらは一般に灰色がかった色をしており、脚の部分には窓のような空洞があいている。この様式は、西はハンガリーにまで至る地域の土器に、東は日本列島の弥生式土器にも見られる。祭儀用のこれらの遺物のうちのあるものは、その本体や蓋の部分に「太陽の視表面」が描かれているが、これもまた弥生式土器に受け継がれている。

馬具・鞍をつけ、胸部から拍車（実は耳）の突き出た騎馬は、実に興味をひく。騎士の後方、馬の臀部に置かれた容器を見ると、やはりこれも祭儀用のものとわかる。慶州の「金鈴《クムリヨン》」という土墳出土のこの逸品は、現在ソウルの国立中央博物館に収められている。

平壌地方出土の、考古学的意義のあるすべての家財と、新羅文明の特徴を持つすべての遺物とを比較研究すると、前一世紀より西暦六世紀末までのあいだ、朝鮮半島が達成した文化・芸術的発展をおしはかることが可能である。とくに、新羅、それもごく少数の貴族たちのあいだで、まったく独特の精神状態・嗜好が根づよく残り、数世紀もの中国の影響力をもってしてもそれに取って代わることができず、ついにそれを根絶するに至らなかったということが明らかになる。

第三章　新羅の隆盛期（六五〇年頃〜九一八年）

戦勝の結果朝鮮半島の一部を占領した唐は新羅を脅して敗者の高句麗・百済の領土を奪い、さらにこれら三国をみずから直接統治しようと試みた。いずれにせよ、六七一年に唐の将軍・薛仁貴は、新羅が高句麗の雑兵《ぞうひょう》を味方につけ、百済の故地を占有しているといって新羅王を書面でとがめた。新羅王は、高句麗旧地の一部である大同江以南と百済王国全土を譲るとした、唐の皇帝のかつての約束を引用しながら抗議したがむだであった。唐の将軍たちは、かまわず行動に移った（六七二年）。そして、熾烈な戦い（六七二〜六七七年）の末、新羅は百済故地の大部分を守りぬき、唐が旧都に設置した五都督府（前出、三二ページ参照）の撤廃に成功したが、高句麗故地を唐軍から奪いかえすことはできなかった。ついに唐は敵国新羅に対し、注目すべきことだが、ほぼ北緯三七度の境界線を押しつけた。ようやく安東都護府（前出、三二ページ参照）の遼東への移動（六七七年）を余儀なくされてから、唐はやむなく、大同江南流域の旧高句麗住民に対する新羅の支配権を、「体面を保つ」ため、贈与のかたちで認めた（七三五年）のである。

唐をこのような譲歩へと踏みきらせた要因としては、まず現在の朝陽地方で契丹が、おそらく高句麗人と結託し、反乱を起こしたことが挙げられる。次に、高句麗の遺民が鴨緑江以北に、震国《チン》（六九九～七一三年）、すなわちのちの強大な渤海《パルへ》王国（七一三～九二六年）を形成したことを指摘できる。最後に、これに関して、「唐に破れた高句麗の後身」である「渤海の王」の使節が、七二八年以降日本に派遣されている事実を思い起こすことは、あながち興味のないことではない。

I　官制と軍制の再編成（八～九世紀）

新羅は西北および西に向かって領土を拡大していったが、このことは新羅支配層に難問を差し出すこととなった。以前より多くの住民を統治しなければならなくなったからである。その大部分は他種族（以前の高句麗、百済人）が占めた。官制再編成のための最初の努力は、約一〇年の歳月を要した。国は九つの州に区分され、もとからある新羅の地、旧高句麗の南部、そして旧百済にそれぞれ三つずつ、計九つの州が設置された。

慶州の中心からややそれた位置にあった都で、当時一連の中央集権的機関が生まれた。指導部は、貴族出身者と、それに十五歳からの九年制として六八二年に建った太学出身の官吏から成っていた。

官吏たちは、各自の職能・階位への「賜給」として与えられる職田によって、生活手段を得ていたと思われる（六八七年の政令）。六八九年に一度廃止されたこの制度は、七五七年からふたたび復活し、施行された。

新羅行政府の今ひとつの大きな関心事は、みずからの領土と、とりわけ大同江流域の北方境界地域に対する軍事支配の確保にあった。このふたつの必要性から、都の軍隊は、州の軍隊によって強化された（五八三～六七八年）。このように編成された軍が、いかに百戦錬磨の軍事力を発揮したかは、唐が渤海に対抗するとき新羅軍に頼ったという事実（七三三年）からも、うかがえる。さらに、新羅軍三万は八一九年、山東で反旗を翻した唐の将軍の李師道に対する討伐戦にも参加している。

Ⅱ　社会・経済のしくみ

新羅社会の身分制度は、厳密に定められていた。貴族は、異なったふたつの骨《コル》に分かれていた。つまり王族の血をひく骨と、貴族の家長の血をひく骨である。ところが、前者はさらにふたつのカテゴリーに分けられる。これについて、『三国史記』第五巻に、次の記載がある。「〔新羅〕国の人びとがいうに、始祖の赫居世より真徳《チンドク》女王（六四七～六五四年）まで、王は二十八代〔をかぞえる〕。これを聖骨《ソンゴル》という。武烈《ムヨル》王（六五四～六六一年、二十九代）より最後の王までを、真骨《チンゴル》という」。この基本的な区別の理由については、不幸にして、説明がなされていない。李丙燾《イビョンド》氏の『韓国史』（古代編、五五一ページ）によると、王の直系だけが聖骨に属する者と認められ、反対に、真骨と認められるには、父あるいは母が王族の血をひく者であれば、それで充分であるということだ。もし骨《コル》がほんとうに「骨《ほね》」の意味を持っていたとすれば、社会学者はきっと、昔貴族の地位を得るには祖先代々の「遺骨」の所持が必要だったと、考えるにちがいない。

貴族の衣服の色や形は、階位によって序列が決まっていた。一階位から五階位までの官吏は緋紫色、六〜九階位は帯紫紅色、十〜十一階位は青藍色、そして最後の六つの階位、すなわち十二〜十七階位は黄色の服をつけていた。平民が上質の絹を身につけることは、禁じられた。彼らは金・銀の装身具をつけることも、宝石の飾りをつけることも制度上できなかったのである。

『三国遺事』（第一巻）によると、全盛期の都には、一七万八九三六戸があり、そのうち「三万戸には黄金があった」。同書にはまた次の記述が見られる。「城壁の内側には一軒のわらぶき家もない。〔家々の〕すみは隣接しており、〔囲いの〕壁もたがいにつづきあっている。日夜絶えまなく歌や音楽にあふれる」。さらに、中国の資料（『新唐書』、『東夷伝』）を見ると、次の事実がわかる。「中侍〔大臣〕邸宅には、汲めども尽きせぬ泉、三〇〇〇の奴婢、よろい〔を着けた〕兵があり、そして山々に放牧される……牛・馬・豚がいる……。〔富者は〕それらの肉を好んで食べ、また弓術の的にしている。彼らは穀物や米を利子つきで貸しては、返済できぬ者らを……賦役や奴碑として使っている」。この貴族階級のなかには、花郎《ファラン》と呼ばれる集団があったが、彼らは軍事的規律と道徳的戒律（儒教・仏教そしておそらく道教に基づく）に従いながら、また洗練された芸術的教養（舞踊・音楽・歌）を身につけていた。彼らは儀仗兵として王のために戦った。

八世紀末または九世紀初めに作成された昔の村落文書の一部が、一九三三年日本で発見されたが、それによると、こんにちの清州付近の四つの村の住民数は、三年のあいだに五一名増加しており、女性の数が男性より多い（男性一九四名に対し女性二四八名）。しかし、この比率は、賦役や課税から一部の男手を守るために、家長が家族のうちの実際の男性数をごまかした結果だと思われる。

この四ヵ村には二五人の奴隷がいて、うち七人が成人男性、一二人が成人女性と記述されている。ここでも、男性数に比べ女性数が異常に多く、歴史家に問題を提起している。また、この四ヵ村で使われた家畜の数が比較的多いことも注目にあたいする。馬六一頭、牛五三頭は、一戸あたり平均二～三頭の数である。馬の数が相対的に多いのは、とりわけ荷馬・乗馬として使われていたと考えれば、よく理解できる。

新羅で富裕な階級の者は、その収入の大部分を土地から得ており、土地は基本的に国家の所有であった。国家は土地を調査し授与する。受領者はその土地を、理論的にはただ仮のものとして持つ。つまり、完全所有の財産としてでなく、譲渡可能な財産としてである。だが、耕地の独占をさせまいといくら強力かつ不断に当局が注意を払ったにしても、実際上、みずからも収入源を私有地より得ていた王族が、貴族や寺院のからめ手に歯止めをかけられたかどうか、きわめて疑問である。貴族・寺院は未調査地や未墾地を獲得して、みずからの領地と収入を増やし、このことが国有地と国庫の犠牲につながった。貴族の家長の所有地は、農民が耕した。農民のなかには、ほんとうの奴隷というより私奴婢・下人が見られた。それでもやはり、このように私人の「保護」のもとにおかれた労働力のほかに、直接行政支配のもとに置かれた耕作者が存在した。事実、七二二年はじめて農民に丁田《チョンジョン》（成人男子に分与される土地）が支給されたとの記録が残っている。

当時、貨幣の使用範囲はきわめて限られていたので、絶えず増加する官吏の生計維持のため現物財源を手に入れざるをえなくなり、中央官庁はまず六八七年、一定数の水田の耕作と生産を統制しはじめ、ついで六八九年、耕作者に租税を課すことにした。それ以来、国家の基本的財源は地租でまかなわれた。地租は、調査地それぞれの生産高に応じて定められ、穀物で支払われた。しかしながら、政府は布などの特産加工品という形での補充財源を見出したし、また毎年、下層農民に賦役を課したりした。重税・賦役が下層民をどれほど苦しめたかは、いろいろな歴史文献に採用されてあるとおり、農民反乱が頻発したことで明らかである。たとえば八八九年、滞った税の取りたてから発して、都のすぐ近く尚州《サンジュ》（慶尚北道）において反乱が起こっている。また当時、王陵・私邸・寺院の建築が行なわれ、大地主や僧侶の所有地に住んでいた人びとはしだいに重い圧迫を受けるようになった。高位高官の者たちの豪奢なくらしは、実に悲惨な下層民の犠牲のうえに、なりたっていたのである。

当時唐・新羅間の密貿易に加わったあまたの商人のなかから、ただひとり、張保皐《チャンボゴ》（＝宝高《ポゴ》。弓福《クンボク》とも言う。？〜八四六年）なる人物が、頭角を現わす。彼は中央アジアへの道の起点である甘粛に駐屯している唐軍の士官として仕えたのち、興徳王《フンドク》（八二六〜八三六年）の命を受けて、当時朝鮮の西岸を荒らしていた唐その他の海賊を討った。商才にたけた張保皐はその後、莞島《ワンド》にみずからの司令部を設け、ジャンクを配置し、最終的に唐・日本・新羅間交易の一部を独占することに成功した。このことは、公認・非公認の交易が行なわれていたこと、さらに当時朝鮮半島沿海や南日本の海上で海賊戦があったこと、を明らかにしてくれる。

はたして新羅の政治・社会・経済的機構に封建的性格を認めることができるだろうか。われわれとしては、歴史家が西洋中世を指して使った意味での「封建性」なる用語でもって、この設問に肯定的に答えることは不可能である。

とかく強調されやすいのが、まず新羅の王権は理論上全領土に対し支配的所有権を掌握していたという事実、次に、新羅では所有概念がきわめて曖昧・不明確なので、新羅時代に、いわゆる西洋的封建性を示す特徴（家臣の誓い・推挙・封土）に出会うのは期待できないという事実であろう。

全般の印象としては、新羅において王族とつながった一部の貴族・軍人がまず新羅領土上で力で他を圧し、次に高句麗・百済両王朝からやはり力ずくでその領土を奪いとったというところである。だから、中央集権的な権力の樹立が可能となるのは、指導集団が、婚姻や多少安定した利害関係などで結びついた族長たちの支持を受けるようになってからのことである。しかし、支配者の権威、さらに詳しくいえば君主のもとにふるわれた権威は、思想面でもしだいに確立されていった。この面では、古来の宗教的な伝統・感情のほかに、一方で儒教、他方で仏教から借りてきた政治・道徳観念が新たに加わったわけである。明らかに、そのとき以来王族とその側近にそなわった威信、物質的財源（土地・作業場）の豊かさ、少数の彼らの持つ軍事力、そして彼らの保護のもとにある貴族・大貴族の依存・服従関係などは、国家機構に一定の統一性を与えるうえで、あずかって大いに力があった。ところが逆に宮廷内での陰謀が離合集散を引き起こし、競争意識が、指導集団と結びついた族長の血縁の者たちを対立させた。こうして均衡が絶えず揺らぎ、新しい体制の脆弱性は徐々に増していった。体制の不安定さを生む他の重要な要因については、考慮にあたいする。ここでは、次のふたつを挙げておく。まず、不和と恨みであるが、これは礼儀の侵害、無礼によって起こり、しばしば未開の豪族による野蛮性の爆発、家族ぐるみの血なまぐさい復讐行為となって現われる。一方、族長が自分の争いに配下の「自由人」や「賤民」男子を加担させるというたやすさがあった。事実族長はこれらの男を、直接的であれ、あるいは中間の家臣を通じてであれ、服従関係に置いていたのである。

Ⅲ　文化の新しい様相

中国の風俗・制度の影響は、新羅が朝鮮半島西岸および鴨緑江に接近した頃から、しだいに強まってきた。とにかく七世紀半ばから十世紀初頭まで、新羅は一〇〇人をくだらない遣唐使を送っており、同時に唐からは約二〇人の使節が、宗主国たる皇帝の満足のしるしを丁重に表わすため、朝鮮半島の王たちを訪ねている。このような接触が、重要な知的・物的交流の契機となった。一例として、六八六年新羅宮廷は、『礼記』などの中国の書物を要請して、儒教の経書と文学書あわせて五〇冊を中国から得ている。七三八年には、新羅王はほかの書物とともに、天子の手による『道徳経』と『孝経』の注解本各一冊を贈られている。

これより先、七二八年に唐の皇帝が新羅の学生の「国学」入学を認めたため、それ以後、新羅から中国へ留学する教師・学生の数は増えていった。国学の試験を無事通過し卒業した五八名のうち、約十名の成功ははなばなしく、彼らは中国の官位の資格を授けられた。これら儒学者のなかで最も著名な崔致《チェチ》遠《ウォン》（八五八年～?）は、漢文で編纂された文学作品集『桂苑筆耕集《ケウォンピルギョンチプ》』（初版年度不詳。再版一八三四年）の著者である。中国から帰国した使臣・教師・学生たちは、中国の書物を新羅王側近の文人たちに献上した。このために、たとえば八六九年に中国に向けて出発する三学生に、景文王《キョンムン》（八六一～八七五年）が三〇〇両《リャン》（＝オンス）の金を手渡したことが知られている。

中国僧につづいて、やがて、中国の僧院で学んだ朝鮮の学僧が、朝鮮半島における仏教の普及に力を尽くした。なかでも円測《ウォンチュク》（六一三～六九六年）は、中国の名僧、玄奘の弟子で、仏教の『三蔵』の中国語訳に参加した。また、義湘《ウイサン》（六二五～七〇二年）は中国に一〇年間（六六一～六七〇年）留学ののち、新羅で華厳宗を広めた名僧として知られている。いく人かの幸運な者はインドにまで行った。七二八年インドから帰った慧超《ヘチョ》（七〇四年～?）は、中国で引きつづき『三蔵』の訳業に没頭した。彼は『往五天竺国伝』を漢文で著わした。今はその一部のみ残存する（パリ国立図書館所蔵）。

阿弥陀信仰と「西方極楽往生」への信仰は、八世紀末から半島に流行した。われわれはその形跡を、郷歌《ヒャンガ》（後出、六三ページ参照）という歌謡のいくつかに辿ってみることができる。仏陀と曼荼羅はあらゆる自然災害と悪疫から身を守ってくれるものと信じられていたため、新羅宮廷が七七九年の地震のとき、おはらい師を介入させても、人びとは何ら驚きはしなかった。祈禱は八八六年、憲康王《ホンガン》（八七五～八八六年）の病気回復のため寺院で行なわれた。五戒と僧侶の禁忌をもって、僧が大乗仏教の基本である羯磨《カルマ》（業）とサムサーラ（輪廻）の概念を教えた。浄土教は、元暁《ウオンヒョ》（六一七～六八六年）によって、大きく興隆をとげた。仏教的感情は郷歌《ヒャンガ》に表わされている。残された二五編の郷歌中、一四編だけが新羅時代のものである。朝鮮文字がまだなかったため、これらの歌謡は吏読《イドウ》によって表記された。すなわち、朝鮮語の語幹を可能なかぎり、同意を持つ漢字の訓で表わし、一方朝鮮画有の接頭・接尾辞は漢字の音を借りて表わしたのである。文芸面における朝鮮語は、七世紀以降、中国語および仏教用語でかずかずの借用の恩恵にあずかった。

新羅時代の仏教彫刻は、それ自体中央アジアとガンダラ芸術の流れをくむ唐の仏教彫刻の影響を、強く受けている。この時代の彫像や彫りの浅いレリーフは大部分、極東におけるこのジャンルの傑作にかぞえられるにふさわしい。たとえば、慶州四天王寺《サチヨンワンサ》址出土の四天王浮彫塼（煉瓦の類）、あるいはまた、慶州の石窟庵《ソクアルアム》の弩窒《どちつ》式石窟の中央に安置された釈迦如来坐像、十一面観音菩薩像、二菩薩、仏弟子、四天王像などがそれである。

新羅時代の仏教建築の最も代表的なものは文句なしに、仏国寺《ブルグクサ》である。この寺院は八世紀後半新羅の都を守護する目的で建てられたものである。

この時代に作られた多くの銅鐘のなかで、ふたつだけが原形のまま残っている。そのひとつは、江《カン》原道《ウオンド》の上院寺《サンウオンサ》の銅鐘で、八世紀初頭の作といわれ、現在ソウル国立中央博物館に展示されている。今ひとつの銅鐘は七七一年に作られた慶州奉徳寺《ポンドクサ》のそれで、前者はよりはるかに美しく、現在慶州博物館にある。奉徳寺の銅鐘はその側面に、非常に調和のとれた飛天像《アプサラ》を浮彫りにしており、音色は殷々として実に類まれである。

中国芸術の影響は、中国における長寿の象徴である亀にも求められる。武烈《ムヨル》王（六五四～六六一年）陵の前の墓碑の台石である亀趺《きふ》がその代表である。新羅における文明の発達をものがたる完璧な証拠物としては、そのほかに王室用の氷を貯蔵するのに使われた穹窿《きゅうりゅう》式の庫《くら》があり、さらに、極東唯一のものと知られる石造の天文台がある。大寺院の内部の仕切り壁を飾った漆喰の装飾画は、たびかさなる戦争や風雨にほとんど耐えられなかった。その名声が中国にまでとどろいたという画師、金忠義《キムチュンウイ》は、今では名ばかりが残っているにすぎない。古く記念碑的なもののほとんどすべてが失われてしまったせいで、古代朝鮮芸術の発展の意義を評価し、さらにそれが当時の日本にまで及ぼした影響の大きさを見定めることは不可能となった。しかしたしかなことは、金銀細工術、製陶術、高級指物業、絹・錦織物業、漆かけ技法、毛皮の鞣《なめし》仕上げ術が王室作業場で大きな発展をとげたことである。これらの製品は、新羅宮廷の威信を大いに高め、高官たちはその威信の恩恵をこうむり、また贈物を受けた外国の宮廷も、そこに新羅の威光を感じとらないでいられなかった。みごとに加工した貴金属と金製装身具が、慶州古墳群で発見されたが、これらは朝鮮半島の金銀細工師の腕のたしかさを明白にものがたってくれる。と同時に、これらは当時、線細工などいくつかの外来技術が半島にも浸透していたことを証している。これらの金銀細工品の装飾モチーフの一部は、「ステップ芸術」と直接関連がある。

第四章　高麗時代（九一八〜一三九二年）

I　新羅の没落と高麗の建国

権力奪取の野望に燃える豪族の指導者たちをまきこんだ武力衝突（八九八〜九一八年）の結果、新羅王朝が没落した。憲康王《ホンガン》（八七五〜八八六年）の庶子である弓裔《クンイェ》は、それまで服属していた好敵手の梁吉《ヤンギル》を打ち負かすが、やがて自分の部将であった、かの有名な王建《ワンゴン》と戦うこととなる。王建は「正義の反旗」を翻して、高麗《コリョ》という国家を打ち建てた。弓裔の暗殺（九一八年）につづいて、王建は、旧百済《ペクチェ》国の再建を夢みる農民軍指導者の甄萱《キョンフォン》（?〜九三六年）を打ち破り、九三五年、最後の新羅王の敬順《キョンスン》（九二七〜九三五年）に退位を強制した。こうして実権は高麗王朝太祖・王建の手に移り、高麗の王たちが代々十四世紀末まで権力を握ることになる。

Ⅱ　高麗の対外関係（九一八〜一一一五年）

強大な唐王朝が九〇七年、政治舞台から消え去り、渤海が滅亡に向かうと、高麗の強力な指導者たちはこの有利な状況を利用し、契丹などの遊牧騎馬族から国を守ろうとした。事実、これら騎馬族は北方国境において絶えざる脅威となっていた。

かつて新羅が中国に対して結んでいた従属関係を破った王建に、唐以後の中国王朝は公然と反対を唱えることができなかった。短命の後唐が九三三年、王建に王の称号をおくり、九三八年からは高麗と後晋の関係が樹立される。朝鮮半島の新王朝は、これら名ばかりの中国の王朝の年号を、たくみに利用した。後漢（九四八年）、後周（九五一年）の年号を採用し、さらに、九六二年に宋との関係が始まると、やがて（九六三年）その年号をも採用した。事実、宋は使節が帰国したとき、高麗王朝を高く評価したほどである。また、高麗と、契丹すなわち遼王朝（九〇七〜一一二五年）との政治的関係を見ると、それは高麗王がこの危険な隣人を「人間の顔をしながら獰猛な野獣の心を持った者たち」と呼ぶ（九三一年）までは、良好な関係であった。

事実、この高麗宮廷の侮蔑的反応には、契丹が急速に南下して渤海を滅ぼしたとき（九二六年）に生じた懸念が含まれていたのである。何度かの小事件があって、高麗はときを待ち（九九三年）遼の年号を採るに至った（九九四年）が、今後は宋の積極的な軍事援助は期待できず、頼むはひとえに自力、北方国境線に着工完成したばかりの長城であると悟って、契丹の侵入にそなえた。九九三年の第一回目の侵入、そして穆宗《モクチョン》王（高麗七代王。九九八〜一〇〇九年）毒殺の責任者である高麗の臣下への懲罰という口実のもとに行なわれた第二回目の侵入は、撃退された。第三回目の侵入は一〇一八年である。だが、長年の争いで弱体化した高麗は、西北国境地域を割譲（一〇一九年）する以外に、平和をかちとるすべがなかった。

契丹に対抗する高麗が一〇一五年中国に軍事援助を求めたとき、また中国への臣従を誓ったとき（一〇五六年）に、中国皇帝の示した無反応ぶりは、驚くべきである。この態度については、高麗と宋を往き来した一人（周佇か？）が、一〇八九年に宋の皇帝に差し出した「高麗についての報告」の次のくだりを見れば、その一端が明らかになろう。「高麗の人びとが〔わが国に〕来ております……。わが宮廷はいささかも得るところがありません……。〔中国に〕来た〔高麗の〕使者たちは風景を絵に描き、書物を買い求めております。〔ところで〕彼らが〔われわれから〕手に入れたり、受けとったりしたものは、たいていの場合、契丹に渡ってしまうとのこと……。まことに憂慮すべきことであります」。さらに明確にいって、実際宋の宮廷は紛争にまきこまれるのを、慎重に避けていたと考えられる。紛争が激化するにつれ、契丹の一部軍事力が北部に釘づけになるという、宋にとって有利な結果が生まれたからである。

また高麗は、当時日本からの援助もまったく期待できなかった。この国との使節の交換もまだほとんど行なわれていなかった。一〇一九年、二五九名の日本人を女真の海賊から救って帰国させた高麗側の行為も、当時宋王朝と関係のあった日本の支配者の反応を呼ぶことがなかった。要するに、日本が一〇五〇年以来高麗に朝貢したとする『東《トン》史綱目《カンモク》歴』（第七巻）の一部は、信じるわけにいかない。現実には、当時の両国間の交流は学僧や、とりわけ商人を通じてしか行なわれていなかった。商人たちは多かれ少なかれ非合法の商取引をし、高麗産の奢侈品を、藤原その他の日本の貴族に手渡していた。

Ⅲ　政権の強化と官制の整備

高麗の太祖《テジョ》は、政治的な目的で、栄光の新羅王朝との結婚政策によってみずからの威信を固めようと腐心した。結果、彼は新羅の継承者とみられるようになった。

王建は新羅最後の王、敬順《キョンスン》のいとこを王后に迎えたが、その孫がのちの顕宗《ヒョンジョン》王（一〇〇九～一〇三一年）である。これより先に、王建はみずからの女《むすめ》ふたりを、敬順の後宮に入れている。さらに、敬順の女《むすめ》をみずからの孫のひとり、高麗五代王・景宗《キョンジョン》（九七五～九八一年）にとつがせた。

王建の政治的意図は、甄萱（前出、四九ページ参照）ら、かつての敵への官位授与という配慮に、よく表われている。実際王建はこのようにして、彼らを味方に引き入れたのである。

この和平政策にともなって、国内再整備の努力が行なわれた。人口二一〇万にふくれあがった朝鮮半島全土が、九九五年、十道《ド》に分けられた。しかしのちに、顕宗王の治下、全国は五道となり、これに北部のふたつの界《ケ》（国境地域）が加わる。三つの主要都市には、特別の地位が与えられた。つまり、皇都《ファンド》（現在の開城《ケソン》）、東都《トンド》（新羅旧都慶州）、西都《ソド》（現在の平壌、高句麗旧都）がそれである。

皇都には、王宮があったほか、三省《サムソン》（一般事務を扱う内議《ネウイ》・中書省《チュンソソン》、人事担当の門下省《ムンハソン》、行政担当の尚書省《サンソソン》）、六曹（文官人事担当の吏曹《イジョ》、軍事担当の兵曹《ビョンジョ》、租税担当の戸曹《ホジョ》、刑罰担当の刑曹《ヒョンジョ》、儀典担当の礼曹《イエジョ》、工事担当の工曹《コンジョ》）が設置され、さらに七寺《チルサ》もあったが、これはほとんど重要でなかった。この行政制度は唐と新羅のそれにならったものである。

王は高位高官の任命に関しては、該当の省に諮問しなければならない。官吏志願者はみな、原則として、九九二年にそのために建てられた国子監《ククチャガム》（後出、六二ページ参照）を出、さらに九五八年法令化された一連の科挙《クァゴ》試験を受けなければならない。しかし、王朝への反逆者と宣告された者や、孝心に反した者は官職につけなかった。また、平民や奴隷の出身者は、官職など夢にも考えられなかった。

法制はだいたいにおいて、唐の法典（律令）に基づいている。いくつかの条文は、政治的性格を持った関心事に応えるものだった。たとえば、反逆者はすべて死刑、最も重いときには、その妻子らも重刑、最も軽い場合にも追放あるいは奴隷の身分に落とされる、といった条文が見られる。

貴族階級を除いた十六〜六十歳のすべての男子が、兵役についた。平時には、次の者たちだけがこの義務から除外された。官吏、高官の息子と子孫、七十歳以上の両親を持つ一人息子、そして特筆にあたいすることだが、奴隷たち。

『高麗史』（第八三巻）は、「海岸に住む者」すなわちおそらく船乗りの徴兵について述べながら、「三名が一戸《ホ》〔を構成する〕」と記している。また、五哥《カ》、四哥、あるいは三哥でも集まれば一戸構成が可能であるため、「各戸ごとに一名の徴兵」と記している。このあまり詳しくない史料から、ふつう一戸が一名の兵丁を供出したと結論づけることが、おそらく妥当であろう。

Ⅳ　軍制

中央軍は王室近衛兵から成る二軍《グン》と、そして上将軍を指揮官、前哨将軍を補佐官とする六衛《ユクウィ》とで構成されていた。中央軍兵力の内訳は、将軍一六名を含む士官・下士官が三五一七名、現役兵士四万五〇〇〇名、予備役兵三万七〇〇〇名である。地方軍の数はわからない。

戦時の動員数は、当時としてはかなりのものであった。こうして九四七年、契丹に立ち向かった「光《クアン》軍《グン》」の数は、実に三〇万をかぞえる。そして、一一〇四年の女真の攻撃にそなえて召集された兵力は、約一七万だった。とくに危機がさし迫ったときは、最後の手段として、官吏・仏僧・奴婢まで兵にとった。軍の規律はきびしかった。敵前投降した兵士の家族は、奴隷の身分に落ちた。このような措置をとらざるをえなかったこと自体、強制的に徴兵された哀れな者たちの士気がどんなものだったかを、雄弁にものがたってくれる。

V 社会のしくみ

貴族階級の頂点に、王族がいる。「王家」の者たちは、もちろん官職の遂行という義務を負ってであるが、中央統治機構の最重要地位にすわる。これらのことから推して、王朝は血縁の王子らに主要な部署をまかせて、政治になんとか介入しようとする敵対集団の起こす陰謀をすべて打ち砕こうとしたのである。こうして、国益は完璧に権力中枢の者の手に集中するようにした。事実、統治とは彼らにとって、みずからの特権を主権者の名において保全することであり、したがって、敵対者が既存秩序を乱さぬようにすることを意味した。だから、この制度のもとでは、「公」(「官」と理解すべし)と「私」の区別はつけにくい。

行政機構の運営いかんは、約一万七〇〇〇の両班《ヤンバン》たちにまかされていた。両班は、東人(文班《ムンバン》)と西人(武班《ムバン》)の二班に分かれており、各者は九階級のいずれかひとつの階級を占めた。両班の世界では、礼節の重要さがはっきりとしている。道で自分より二階級を超える両班に出会うときは、つねに馬から降りてあいさつしなければならない。このような制度から生じる過敏さと嫉妬に加えて、さらに軽蔑の感情が蔓延する。これは、儒教的偏見に根ざすものだが、西人より高位にあるとされた東人＝文班が、武班に対してむき出しにする感情である。一方、武班は武班で、いったん時機が到来すれば、みずからの力を誇示するためにも、またみずからの特権に対するいかなる侵害を許さぬためにも、謀叛にうったえることをためらわなかった。

高位についた両班は、豪勢な暮らしぶりを保証するだけの収入を得ていた。九八二年に崔承老《チエスンノ》なる人物が、当時君臨の王に次のような上奏文を送っている。「富の所有者たちはたがいに競いあって、大邸宅を建てています……。〔こうして〕彼らは家族の「力」（＝財源）を浪費してばかりいるのです。また百姓たちをも苦しめているのです……」。また、睿宗《イエジョン》王（一一〇五～一一二二年）時代、韓安仁《ハンアンイン》という官吏は、貴族たちの贅沢な生活様式を嘆いた。一一六八年、毅宗《ウイジョン》王（一一四六～一一七〇年）はみずから意見を発して、「……贅沢がならわしとなっている。着るものといえばみな必ず錦織りの絹であり、食器類には金と硬玉を使っている」と、当時の風習を難じた。『高麗史』（第一二九巻）には、次の記述がある。「崔忠献《チエチユンホン》なる人物は、一〇〇軒以上もの家を打ち壊して、自分の屋敷を建て、これと都に所有するほかのふたつの屋敷とに、金・貴硬玉・硬貨・穀物の類の多量の富を貯めこんだとして、非難を受けた。この高官は護衛団を抱えており、護衛団は屋敷で彼を守り、外出の度に、まるでいくさへの出陣を思わせるほどの仰々しい行列をなし、彼を護衛したりした」。浪費のひどさについては、いくら強調しても充分ではないだろう。自己の地位を守って「体面」を保持しようとする気づかいが、貴族をしばりつけ、そうさせたのである。これらの出費に加えて、各高官が扶養しなければならない配下への施し物がまた無視できなかった。

こんどは、高麗社会における仏教界の状態に、目を移してみよう。寺院の最高職といった高位の僧職は、ふつう貴族によって占められていたので、その結果、大寺院は中央権力に対し一定の独立性を持っており、とくに租税免除の特権を得ていた。僧侶の権限は弟子の数によって決まるが、また、信者からの収入の大きさによっても決まる。それは貴金属・手工業品の献納の形をとったり、あるいは賦役や現物納、信心による食物の施しなどの形をとる。史料によれば、これら仏寺の会計係は、中国の例にならって、酒の醸造に「強制使用料」を課し、また、茶の栽培から相当の収益を得た。彼らはまた利息つきの金の貸しつけを実施した。一方、貧困に陥った僧侶は、それからの脱出の手だてとして、仏像の表面の金箔や仏像の身についている貴金属に彫りこまれた装飾品をためらいもなく削りとったりした。

これまで述べた貴族・僧侶の二階級を除くと、その下に大多数の人民がいるのであるが、彼らは史料上庶人《ソイン》（あるいは良人《ヤンイン》・百姓《ペクソン》）と呼ばれる者と、賤人《チョンイン》（あるいは賤民《チョンミン》）と呼ばれる者とに分かれる。庶人のなかから一定数が宮中の一部門や役所の職につくこともあった。だがいずれの職でも、彼らが下級の職にしか近づけなかったことはいうまでもない。賤人は、職人、商人、盲目の占い師、呪術師、大道芸人、楽師、踊り子、歌手そしてとりわけ農夫、農奴、奴婢たちから成っている。賦役の対象である大多数の貧農の運命が、いかに悲惨なものであったかは想像にかたくない。彼らは、自分を束縛する者たちから、直接・間接的に、絶えず搾りとられていたのである。このことを証言する『高麗史』の数多《あまた》の文章のなかでも、とくに次のくだりは、歴史家の注目を引く。「地方官吏〔のうちで〕、同情心がある高潔の士は十中一、二もいない……。彼らは賄賂を好み……人びとを抑圧している」（第二一巻）。「彼らから借金した〔負債を担った〕者たちは妻子を売るが、それでも借金の返済に至らない。両親は飢えと寒さに苦しんでいる。怨恨の叫びは天にも届かんばかりである」。

農奴の名にふさわしい範疇に属する者たちについては、何も知られていない。反対に、奴婢については、彼らがただの動物同然に人身売買の対象であったことが知られている。馬一頭が奴婢一、二名と同じ価値だった。奴婢は、女性が男性より高価だった。少なくとも、ある史料によると、女奴婢の値が九八六年に決められ、十五〜五十歳はひとりにつき反物一二〇疋、十五歳以下の少女は五〇疋、五十歳以上は最高六〇疋であり、一方男の場合の公式の値は、十五〜六十歳では一〇〇疋以下、十代の男子・老人男子も五〇疋を超えることがなかった。ただし、原典の記述があまりにも不明確なため、私奴婢・公奴婢・外居奴婢など、それぞれの身分概念をはっきりと形づくることは、不可能である。しかし、負債の支払い能力がなくて、みずからすすんでであれ、強制されてであれ、とにかくこれらの社会的階層に身を置き、そこにしか生存の道を見出す以外になかった者は、数多く存在したものと思われる。しかも、そのほかに放浪の生活を送らざるをえない者たちも、数多いたのである。

VI　土地の開墾と経済活動

高麗においてもやはり土地は、国家所有とされていた。国家は文・武官と現役兵士に土地を分け与えた〔田柴科〕。しかし新羅時代同様、土地をもらった者はだれでも土地に対する用益権だけを持った。事実、所有者が死亡した場合、土地は理論上ふたたび国家のものとなる。だが、たとえば国家に立てた功労に対する論功行賞として与えられた土地〔功蔭田〕は、親族への譲渡が認められていた。このような例外が、王族に寄生する勢力家たちに固定収入を確保するためのものであったことはまちがいない。その結果、領地の形成が促進され、それは中国・日本と同じく高麗でも、中央権力が弱体化の兆しを見せるとともに出現した。『高麗史』〔第七八巻〕の一節はそのことをはっきりと示している。「毅宗《ウイジョン》・明宗《ミョンジョン》〔時代〕以来、地籍簿と実際の土地使用権とが乱れている……。勢力家がずらりと並んだ数百・数千の土地を〔手に入れている〕……。彼らは〔この土地をもとに〕年二、三度地租を徴収する。先祖伝来の法は破られ、しかるのちに国が崩壊する」。

これら一般的な規定から、田柴科の科田を認められない者たちは、その土地の受益者である国家や、あるいは領地所有者の貴族や寺院など特権者によって奪われたと、推論できる。各戸最少ひとりの兵を国家に供出することを求められており〔前出、五四ページ参照〕、新兵はみな、兵役が終わって国家に返済するときまで、一時的に耕作可能な小農地をもらい受けるということを考えあわせれば、かなりの数の家庭が補助的な土地を持ち、それによって生活を確保していたと仮定できるようである。このような田丁からの産物では生活に不充分であったため、大部分の人びとは、こと食物に関しては、分供地や国有地・私有地の産物に頼ったものと結論できよう。

要するに、高麗の土地開墾制度は、農民階級の大部分を農奴が占めるようになってはじめて機能するのである。農奴のある者は王領地・私有地に隷属したし、またある者は国家が与えた田畑に隷属した。とにかくこれが、文献史料より推論されるのである。

とりわけ九九二年以降、農民は国家のために直接耕作すると、その収穫の四分の一を地租として国庫に納めなければならなくなった。私有地の場合は、収穫の半分を土地所有者に納める必要があった。このことから次の結論を引きだせる。国家はできる限り多くの農業労働力を、自己の直接支配下に集めようとつとめた。そのために、国家は農奴から、私有地の所有者に比べてより軽い現物税を徴収したことだろう。

高麗時代の正確な農業生産高はわからない。しかし、『高麗史』（第七八巻）の一節によると、かなりの穀物が生産され、少なくとも十一世紀後半には、人びとの需要に充分応えるだけのものがあった。

次に手工業の発展の考察に移ると、高麗宮廷が中国におくった貢ぎ物の内訳が、手工業品に関して詳しくものがたってくれる。貢ぎ物の構成は、主として、武器・剣・矢・甲冑、それに麻布・紙・食用油・硫黄・香・筆・腰掛けなどである。これらの製品の多くは、国家が宮廷と高官のために奨励発展させた特別作業場で作られた。この作業場とともに注目すべきは、特別居住区域である部曲と所に隔離された職人グループの存在である。『東国輿地勝覧《トングクヨジスンラム》』(第七巻)によれば、これらの居住区域のあるところでは、金・銀などの貴金属を製造し、またあるところでは、鉄・青銅・絹織物・紙・瓦・木炭・塩・皮革・墨汁・食用海苔・磁器・しょうがなどを生産し、いくつかのグループは漁業を専門に行なったという。しかしこの区域の住民と、上述の特別作業場の人びととの違いが何であるかは、はっきりとしない。とにかく、この両者の存在によって、この種の経済活動が、消費者階級である貴族の需要に応えるべく管理・専業化され、労働力は貴族の保護に対する見返りとして利用されたということがわかる。高麗王朝は商業奨励のために、日常の交換・支払い手段となっていた米や織物に代わって、貨幣を使おうとした。九九六年に金属貨幣が、一一〇一年に銀貨「銀瓶」が鋳造、通用された。しかし、貨幣の使用が全国に広がったとは思えない。官吏自身その有用性をよく知らなかったし、農民は農民で、貨幣を気にもかけなかったし、信用もしなかったからである。

都の商人らは手工業品・衣服・家具その他を、宮廷人や貴族に供給した。運搬路として、国内二二の主要路を選んだ。それぞれの街道には、旅行者・商人のための宿場があり、公式の使者たちは各旅程(駅)ごとに、そこに馬と荷役を配置した。

対外貿易は、宋の時代に高麗と貿易を行なった中国商人の指導のもと、十一世紀初頭から飛躍の兆しを見せた。

金庠基《キムサンギ》氏によると、一〇一二〜一二七八年のあいだに朝鮮半島にやってきた中国の商人の数は、五〇〇〇をくだらないという。彼らは主に陶磁器・茶・薬・楽器をもたらし、それと交換にしばしば金・銀・青銅の品と虎皮・麻布・紙を要求した。同じく金氏によれば、当時高麗は遼・金両宮廷と商取引を行なっていた。また。日本の商人がやってきたほか、とくに一〇二四年、一〇二五年、一〇四〇年にアラブの商人が高麗を訪れている。日本商人は鞍・真珠・香炉を、アラブ商人はとくに薬剤をそれぞれ運んできた。アラブ人自身水先案内人から聞いて知ったのであるが、十六世紀初頭中国に上陸した西洋の旅行者が「中国北部」にゴリ、ゴレスという国、あるいはコレアなる島があると伝え知ったのは、まさにこのアラブ商人たちからだったのである。これらの名から **Korea** の名称が再生したといえる。

VII 文化の諸相

1 中国式学制・試験制度の編成

儒教と文芸が、国家試験の科挙《クァゴ》（九五八年）と、官吏養成機関（最高学府）である国子監《ククチャガム》（九九二年）の教育における基本科目であった。

試験科目は、受験者の選ぶ科によって異なる。製述業《チエスルオプ》・明経業《ミョンギョンオプ》の両科では、古典と中国王朝史の知識が求められる。そのほかの科では、医術知識や、数学・地相術・占術の知識が必要となる。

国子監には六科があり、うち三科は高位の官職を志願する者のためにあり、あとの三科ははじめから下級のポストしか望めない者のためにある。以上の国家教育機関のほかに、退職した官吏らの教養人が運営する私立学校もかなりあった。

中国式教育を受けた当時の学者の思想や著作については、ほとんど知られていない。それらについて伝えてくれるはずのものがみな、外来の侵略や火災で失われてしまったからである。ただ、王の命によって金富賦《キムブシク》（一〇七五～一一五一年）の指導下に編纂され、一一四五年に刊行された『三国史記《サムグクサギ》』五〇巻が、さいわい残った。これは紀伝体で編まれており、「三国」（高句麗・百済・新羅）の歴史を記している。さらにのち『三国遺事《サムグクユサ》』は前書を補完している（後出、七四ページ参照）。

2　朝鮮文学

十世紀の郷歌《ヒャンガ》（前出、四六ページ参照）部門の代表的詩人は、学僧の均如《キュンヨ》（九二三～九七三?年）である。主として仏教的霊感から発した一一編の詩が、彼のものとして残されている。この時代に、新しい詩形式である時調が現われた。だが、その重要性が増してくるのは、李朝時代（後出、八六ページ参照）になってからである。

3　仏教

高麗では仏教が王宮の保護を受けて、広まった。人びと、とくに多くの貴族のあいだに日常見られるシャーマン的な儀礼・信仰に対し、当時の僧侶が示した寛容さから、朝鮮社会に浸透した仏教の熱しやすい性格といったものをかいま見ることができる。雨を降らせようとして、王は宮廷で仲介役の魔術師であるシャーマンのムダンに、仏陀ばかりか山の神・川の神に向かってまじないを唱えさせる。必要とあらば、占い師の力を借りることもある。こうして一一〇一年、彼らのなかのひとりが、昆虫による松の木の腐蝕を見て、それをいくさの前兆と判断したため、その予防としてすぐさま贖罪の祈禱会が少なくとも三回ひらかれた。護国のため不可欠なものとされた寺院、そしてそこに住む僧たちの数が増えてくると、王権は彼らに対して、より強力な統制を加えるようになった。宣宗《ソンジョン》（一〇八三～一〇九四年）の代から、人は法知識以外に、禅宗についての知識も持ちあわせていることが、試験で証明されないかぎり、僧に任ぜられなくなった。

「高麗仏教」の意味するものは、もはや、唐時代、中国から新羅に伝わった仏教とはまったくちがっていた。それは事実上、宋および遼の仏教である。この両王朝は高麗に対し、経書のほか僧も送った。義天《ウイチョン》（一〇五五～一一〇一年、別名大覚《テガク》国師）は二年間の中国滞在ののち、一〇八六年帰国し、仏教教義の集大成を行なったが、彼のねらいはまず、戒律宗・法相宗・法性宗・涅槃《ねはん》宗・華厳宗の五宗派の「教《キョ》」の原理を統合することにあった。その内容は、経典への深い知識によってのみ覚醒と解脱が得られるというものである。彼のねらいは次に、禅宗各派の統一で、それによると、さとりを開く座禅苦行を通じてのみ覚醒と解脱に至るという。ところが実際上この集大成の試みには、義天の支配する天台・華厳両宗派の優位を確保しようとするたくらみがひそんでおり、またそうすることによって、とても迷信的でありながら実用主義的でもあった高麗の特権貴族の意のままに、仏陀・菩薩や陀羅尼（悪魔祓いの梵文）が作りだす災難と運命の仕打ちから、身を守る力を、信心ぶかい執権王朝に与えようとするたくらみも、そこに隠されていたのである。事実、義天は文宗《ムンジョン》王（一〇四八～一〇八三年）の第四子であった。しかし、このように着手され、知訥《チヌル》（別名普照《ポジョ》、一一五八～一二一〇年）によって受けつがれた仏教典籍の集成の努力は、同時に、当時の高麗仏教の諸派統合の特徴を示していて、それは、貴族階級に属する各派の長の活動をより身近に統制しようとする目的も持っていたと思われる。高麗時代の中国風詩歌をみると、そこには大乗・涅槃・阿弥陀・禅宗的色彩がとても濃い。

4　芸術

芸術の分野における中国仏教の影響は、仏像、塔、壁画の形で現われた。石仏はこの時代にはほとんど見られない。恩津《ウンジン》にある約二〇メートルの高さの石仏（恩津弥勒）と、それより低い扶余《プヨ》の石仏を見れば、芸術的趣向があまりこらされていないのがよくわかる。石塔は、はっきりとかなり良好なできばえである。六角形あるいは八角形の新しい型の石塔として、ふたつのすばらしい代表作が知られている。平壌の大同《テドン》公園のそれと、江原道《カンウォンド》は月精寺《ウォルチョンサ》のそれである。絵画は、宋の影響を受けて、一定の発展をとげたようである。不幸にして、慶尚北道《キョンサンプクト》の浮石寺《プソクサ》の壁画など、いくつかのものしか現存していない。

中国から持ち込まれた青磁の技術は、朝鮮でかなりの完成度に到達した。このことについては、今は失われた、著者不明の書『袖中錦《チュンジュングム》』に記されている。その一節を韓致奫《ハンチユン》が『海東繹史《ヘドンヨクサ》』（第二九巻）に引用している。「……高麗青磁は……第一級（の作品）である」。また、一一二三年高麗に使節として遣わされた中国人の徐兢は、その著『宣和奉使高麗図経《ソンファボンサコリヨトギヨン》』（たんに『高麗図経《コリヨトギヨン》』ともいう）（第三巻）に、朝鮮人は青磁器の色を翡色《ビセク》と呼んでいるが、これは古代の越の翡色や新しい唐の磁器と同じものである、と記している。中国にまでその名のとどろいた高麗青磁は、象嵌《ぞうがん》装飾であるかどうかで、ふたつの型に大別できる。象嵌されていないものは十二世紀前半のもので、宋の青磁を模倣して作られた。反対に、黒や青の象嵌のなされたものは、十二世紀後半、朝鮮の陶工によって作られたものとして知られている。高麗時代の陶磁器には、壺のほかに焜炉、香炉、皿、小びん、盃などがある。盃には、喫茶用のと飲酒用のものとがあった。さらに装飾品としての陶磁器もあって、それらの形態は亀・龍・麟麟・猿・兎・家鴨・雁・魚・瓢簞・白蓮・筍《たけのこ》など、さまざまである。

音楽は、この時代に著しい飛躍をとげた。李恵求《イヘグ》氏は高麗時代の音楽を、『韓国音楽研究』のなかで、三つの主なジャンルに分けている。すなわち、民衆的性格の郷楽《ヒャンアク》（俗楽《ソクアク》）、やはり民衆的だが中国の様式をより多くとり入れた唐楽《タンアク》、そして宋の宮廷音楽そのものの雅楽《アアク》などである。雅楽は現在なお専門の楽団によって演奏されていて、国楽《クガク》といわれている。音楽の発展は、宮廷舞踊の発展を促したが、一方でそれとはまったく性格を異にする民衆舞踊があり、なかには仮面をつけて踊るシャーマン的・土俗的性格のものも含まれる。この時代の仮面のいくつかは、現代に伝わっている。

Ⅷ　内政の悪化（十二〜十三世紀初頭）

朝鮮半島の東沿岸で、しばしば海賊行為もはたらいた北方遊牧民の女真（のち金王朝（一一一五〜一二三四年）を建てる）の脅威をうけて、高麗は一一二六年、北東部の一部領土を彼らに割譲しなければならなくなった。北方の隣国とのあいだに、比較的平和な関係が樹立したのち、高麗のいくつかの武人集団が、執権者たちに対し、契丹（前出、五〇ページ参照）や女真にあまりにも弱味を見せたといって非難の声をあげた。だが、同時に、半島を覆っていた経済不振は、結果的に、人びとのあいだに蔓延していた全般的な不満をさらに増大させた。十一世紀末から起こりはじめた紛争は、高麗の置かれた政治・経済的状況の不安定さをものがたるよい実例である。これ以後、政治的反乱が起こり、またこれに輪をかけて、農民反乱が、深刻化した貧困を背景に本格化する。

これらの反乱のうち最大のものは、李氏一族のたくらんだものだった。李氏の族長たちは王族と婚姻関係を結んでいたにもかかわらず、今や、要職にある貴族の眼には深刻な脅威となって映った。

李氏一族の指導者のひとり李資謙《イジャギョム》（?〜一一二六年）は、逮捕・流刑の危険を身に感じるや、敵に先手を打った。彼は仁宗《インジョン》王（一一二二〜一一四六年）の身がらを拘束し、幽閉しようとした（一一二六年）。ところが、腹心の仲間である拓俊京《チョクチュンギョン》（?〜一一四四年。本姓は現在ない）のうらぎりに会い、結局彼の反乱はきびしく弾圧された（一一二六年）。

やがて、僧・妙清《ミョチョン》が、開城は不吉な感応力にさらされていると「風水説」を口実にして、平壌遷都を主張した（一一二八年）。ついで、それが宮廷に聞き入れられないと知るや、彼は平壌に「大為国」を建てようとした（一一三五年）。しかしながら、妙清の死後一一三六年の年頭まで続いたこの反乱もまた、ついに圧殺された。

文班と武班の対立は、一一七〇年来激化した。

このころ、将軍鄭仲夫《チョンチュンブ》（一一〇六～一一七九年）がみずからの意図を露骨に表わした声明（「下級の者も含めて」、文班の笠をかぶった者たちに死を！」）を発し、部隊を行動へと駆りたてた。実際彼ら武人は、敵から武力で政権を奪いとろうとした。毅宗《ウイジョン》（一一四六～一一七〇年）が王座から追放され、その弟の明《ミョン》宗《ジョン》（一一七〇～一一九七年）が取って代わったが、彼はやがて最重要の実権を握った謀叛人らの手のなかで傀儡《かいらい》の身となった。しかし、武班のあいだに不和は絶えなかった。その実例が、一一七三年の将軍・金甫当《キムボダン》（?～一一七三年）の反乱である。彼は文班のたくらんだ陰謀に加わったとして、粛清の血祭りにあげられた。

そのうえ、寺院長らがこの争いに介入した。彼らの呼びかけに応じ、二〇〇〇の僧が一一七四年に鄭仲夫の配下に反対して決起したが、成功しなかった。平壌地域では、趙位寵《チョウイチョン》（?～一一七六年）が鄭仲夫に抵抗した（一一七四～一一七六年）。ついに鄭仲夫父子が非業の死をとげ（一一七九年）、一二〇〇～一二一三年のあいだ、何人かの王が交代したがそれでもやっと、秩序らしきものが打ち建てられて（一二五八年頃）、外敵（このときは蒙古）に備えられるようになった。

このように高官たちがたがいに競いあって混乱を起こしているとき、さらに反徒が暴動を引き起こし、忠清道《チュンチョンド》（一一七六～一一七七年）や平安道《ピョンアンド》・慶尚道《キョンサンド》（一一八六～一一九四年）を荒廃させた。さらに特記すべきは、一一九八年に開城《ケソン》地域の農奴・奴婢が、味方が射ち殺されたことがきっかけで、税帳簿と奴隷の戸籍簿を焼きはらうという事件や、一二〇二年、高麗王都付近で賤民が反乱を企図するという事件が起こっている。

中央官庁の弱体化と、全国を覆った無秩序は、蒙古の汗《ハーン》に行動を起こさせる絶好の機会を与えた。

Ⅸ　蒙古の高麗侵略（一二一一〜一三七〇年頃）

最初の衝突があったのは、一二一一年、高麗宮廷が金《きん》（＝女真）宮廷に派遣した密使を、蒙古兵が殺した事件によってであった。蒙古軍が鴨緑江に接近した（一二一六年）ときからすでに予想されていた蒙古の脅威は、高宗《コジョン》（一二一四〜一二五九年）の長い統治時代にさらに明確に現われた。ときはすでに、蒙古が残っていた金の余力までおしつぶし去った（一二三四年）頃だった。ことここに至って、高麗は同盟を結ぶ相手も持たず重大な危機に直面することになった。たちまちにして、高麗宮廷と結びついた蒙古の将軍から物質的要求が、絶えず（のちには毎年）出され、このことは貧窮した国家経済に重くのしかかった。

たとえば、一二二一年に蒙古の将軍が得たものは、ラッコの毛皮一〇〇〇枚、薄い絹生地三〇〇〇疋《ピル》、薄い麻布二〇〇〇枚、粗い絹二〇〇〇褌《クン》、紙一〇万枚その他である。

これらの徴発が侮蔑的かつ尊大な態度で行なわれたため、朝鮮の貴族・両班《ヤンバン》の誇りは、いたく傷ついた。彼らはそれまで蒙古人を未開人としか見ていなかったからである。一二二五年、蒙古密使が高麗で暗殺され、はたしてその張本人が高麗宮廷なのかわからぬままに、やがて敵対感情は爆発する。一二三一年蒙古の騎士団が開城を襲う。王朝政府のなかに、蒙古の駐留監察官を意味するダルカチが置かれる。つづいて、チンギス汗（一二二七年死亡）の後を継いだオゴダイの騎士が、朝鮮北東部および漢江《ハンガン》流域に通じる一帯を略奪する。その結果、高麗王宮はやむをえず江華島《カンファド》へ逃げて（一二三二年）、蒙古の襲来と、蒙古への屈辱的な服属を避けようと努めた。王都を回復したければ王みずから汗に入朝すべしとの要求を差し出された高麗王は、何とか都に帰るべく、いわゆる近親の者を身がわりに送るだけにして（一二三九年）ときをかせごうとした。しかし、オゴダイの後継者マングは、高麗王の入朝を待ちきれず、新たに高麗侵略を断行した（一二五三年）。この年のことを『高麗史』（第二四巻）は、「蒙古兵にとらえられた男女無慮二〇万六八〇〇余人、殺戮された者はかぞえることができぬ。〔敵の〕過ぎた州郡みな灰燼に帰す」と記している。

ふたたび江華島に逃げた高麗王は、蒙古の密使を通じて、「追われて洞穴に逃げこんだ獲物は追手がいては洞穴より出られぬ」と答えたという。『高麗史』（第一〇二巻）によれば、王はこの警句によって王国からの蒙古軍の回軍を獲得した（一二五六年）。ところが、朝鮮の公式文献を、中国・蒙古のそれとつきあわせると、事実はかなりちがってくる。蒙古の戦略家たちが南宋に力を集中するに急で、高麗との決戦の時期を延期したため、後方の高麗を本格的に討つことは不可能と判断したのが、実際のところであろう。いずれにしろ、彼らは高麗王の身がわりに太子を人質として蒙古皇室に入朝させる（一二五九年）こと、そして江華島に築かれた城塞を取り壊すことを、要求するにとどめた。

廃墟と化した王都が復旧されねばならないという事情は、高麗王とその側近にとって、一二七〇年までひきつづきこの島の片隅にとどまるためのよい口実となった。事実人びとはみな、王の開城還都は新たな争いのたねになると指摘していた。王都で貴族にやとわれていた三別抄《サムビョルチョ》軍は、蒙古が一二七〇年北東の一部州郡を占領するや、その屈辱に耐えきれず、同年王権に対して反乱を起こした。反乱軍は珍《チン》島《ド》（全羅南道《チョルラナムド》）と済州島《チェジュド》で、王の軍隊と対決した。三別抄が降服したのはやっと、無力化した高麗政府があきらめて蒙古軍にその討伐を頼んだとき（一二七三年）のことであった。

　このとき以来、高麗は、宋に代わって中国に建てられた（一二七一年）蒙古王朝の元《げん》と運命をともにし、その直接支配下に入ることになる。開城にあった伝統的な三省（前出、五三ページ参照）は、僉議府《チョムウィブ》という一省に集中され（一二七六年）、全領土が征東行省《チョンドンヘンソン》の専制のもとに置かれた（一二八〇年）。

　その間、日本と和親を結ぼうとしてフビライ汗（元の世祖）が何度も日本招諭を行なったが、ことごとく失敗したので、対馬海峡に蒙古遠征軍を送ることに決め、そのための造船に三万五〇〇〇余の朝鮮人がかり出された。だが、蒙古の第一次日本遠征（一二七四年）は、日本の頑強な抵抗と台風に遭って、結局失敗に終わった。そして、蒙古・宋・高麗兵から成る一〇万の第二次遠征軍もまた台風に遭って、ようやく残った船も引きあげざるをえなかった。『高麗史』（第二九巻）は、この第二次遠征に加わった高麗出身の兵士・水夫二万六九八九人のうち、朝鮮に帰ってこられたのは、たった一万九三九七人だと伝えている。

X　蒙古の影響

高麗の王族はたちまち、征服者蒙古の強大な支配圏に組み込まれてしまった。一二八一年から、明《みん》建国の一三六八年まで君臨した七人の王のうち、幼少にして死んだ二人を除いた全員が、蒙古皇室との結婚を強制された。こうして結ばれた関係が、蒙古の外戚に、高麗王族政治、とくに太子任命や新王推挙を監視する権利を与えたことはいうまでもない。また、結婚都監《キヨルホムトガム》なる特殊な部署の設置（一二七四年）は、両宮廷の関係をさらに緊密なものにした。このことに関しては、蒙古宮廷に送られるべくこの部署に登録された一人の朝鮮女性（奇氏）が一三四〇年、元皇帝の帝順の第二夫人に列せられたとの記録が残っている。

蒙古の影響は、富者の服装の面でも急速に現われた。一二六〇年フビライ汗自身は、朝鮮人は引きつづき朝鮮服を着るよう主張したという。それでも一二七六年になると、高麗宮廷の蒙古服着用奨励措置を妨げはしなかった。そのうえ、数多くの高麗貴族が自分の名として、朝鮮名以外に蒙古式人名を使った。そのあまりの熱心さに、さすがのフビライ汗もかえって疑いを抱いたにちがいない。ともあれ、一二七八年彼は高麗王に、「なぜ、なんじは自国の習俗を捨てるのか」とたずねたという。

いまひとつの影響は経済面のことで、おそらく一三六四年であろう、朝鮮人は綿花の栽培法をおぼえた。これは、元に遣わされた（一三六三年）高麗の使者・外交官の文益漸《ムンイクチョム》（一三二九〜一三九八年）が、中国から綿花の種子を持ち帰ったことがきっかけとなっている。衣服の製造において当然変化が起こった。広く南部の慶尚・全羅・忠清の三道においては、早くも一四三〇年頃から、それまで庶人《ソイン》の衣服として粗い絹とともに使われていた麻に代わって、綿花の栽培が行なわれるようになった。

蒙古の勝利が朝鮮人の宗教に与えた影響としては、次のことが挙げられよう。すなわち、宮廷が仏陀の加護を得る目的で、仏教の三蔵を板木に刻んで数部印刷するよう命じた（一二三六年）ことである。江華島《カンファド》で始まったこの偉業は、一二五一年に完成をみた（木版数八万一一三七枚ものこの大蔵経は現在、慶尚南道の海印寺《ヘインサ》に納められている）。ところが、期待とはうらはらに、この時期起こったかずかずの災害によって、結果的に護国信仰はいたく傷つけられ、それが当時の文学や仏像に反映された。一方、儒学者たちはこのときとばかりに、仏教徒の不徳の行為、「シャーマン的」迷信に対する彼らの寛容さ、大寺院の国政介入、そして高利貸しつけなどあらゆる手段を尽くして行なった彼らの財産蓄積に対し、いつになくきびしい非難を浴びせた。『高麗史節要《コリヨサチヨルヨ》』（第三五巻）によれば、鄭道伝《チヨンドジヨン》（?〜一三九八年）が一三九一年、王のために次のように書いた。「……栄えつつある国家は民の声に耳を傾け……、滅亡に向かう国家は神々に耳を傾けるものであります……。仏や神に仕えるのは、何ら益なきことであります。災厄のみ［もたらされましょう］」。やはり同原典によると、金佇《キムチヨ》なる文人が同じ年に「剃髪の輩（＝仏僧）は死しても宥《ゆる》しを得られず」とまで極言した。

このような方向転換は、朱子（一一三〇〜一二〇〇年）の新儒教、朱子学にとって都合がよかった。

十三世紀高麗に伝わったこの教義が飛躍的発展をとげるのは、十四世紀、李穡《イセク》（一三二八～一三九六年）、鄭夢周《チョンモンジュ》（一三三七～一三九二年）、李崇仁《イスンイン》（一三四九～一三九二年）ら儒臣の活躍によってである。彼ら儒臣のほかに、宋時代の影響のもと、漢語で詩や散文作品を作った朝鮮の文人の数ははかり知れない。彼らの作品中のいくつかは、実にすばらしいできばえである。

よく知られた作品集のみ紹介すれば、李奎報《イギュボ》（一一六八～一二四一年）の『東国李相国集《トングクイサングクチプ》』（一二四一年完成、一二五一年補遺）、崔滋《チエジャ》（一一八八～一二六〇年）の『補閑集《ボハンチプ》』、李仁老《イインノ》（一一五二～一二二〇年）の『破《パ》閑集《ハンチプ》』などがあるが、これらは詩・散文以外に稗説《ペソル》（はいせつ）という「道徳小説」も集めている。稗説の作者たちは自身、稗官《ペグワン》の報告書からヒントを得た。稗官とは、巷間の噂を集めて中央官庁に文書で報告する役目を負った官吏のことである。このジャンルで最も有名な作品には、李奎報の『白雲小説《ペクウンソソル》』と李斉賢《イジエヒョン》（一二八七～一三六七年）の『櫟翁稗説《ヨグオンペソル》』などがある。両作品は、唐・宋時代の小説（『太平広記』など）の影響をとどめている。

歴史書編纂の第一人者としては、高句麗・百済・新羅の歴史研究に使われている主要原典のひとつ『三国遺事《サムグクユサ》』を著わした禅僧の一然《イルヨン》（一二〇六～一二八九年）を挙げるべきだろう。この書の初版は一二八五年頃とされているが、正確なところはわからない（再版は一五一二年、五巻本で刊行）。

医学知識もかなり進んでいて、『高麗史』（第一二二巻）によると、元の皇帝・世祖が罹病のときなど、蒙古宮廷は急ぎ高麗に医者を頼んだほどである。その医者の薛景成《ソルギョンソン》（一二三七～一三一三年）は任務を立派に果たし、皇帝から褒美をもらったという。

印刷技術の発展は、注目にあたいする。『東国李相国集』の第十一巻を読むと、崔允儀《チエユンウイ》ら文人が五〇巻本を編纂したとき、命令によってそれに『詳定礼文《サンジヨンイエムン》』の題名が与えられたこと、そして「鋳造文字」でそれが二八部印刷されたことがわかる。このことから、中国で十一世紀に試みられた活字の製造が、やがて十四世紀後半の高麗では、金属活字の鋳造・使用となって現われたと結論づけることができよう。ともあれ、高麗王朝最後の恭譲王《コンヤン》（一三八九～一三九二年）のとき、一三九二年に王都に特殊な役所として設置された書籍院《ソジヨクウオン》が、金属活字の鋳造および書籍印刷の任務についていたのである。この役所は李朝に引き継がれ、太宗の時代、一四〇三年に鋳字所（印刷活字の鋳造所）となって発展した。この鋳造法は、はるかのちになって朝鮮から日本へと伝わることになる。

XI　高麗王朝の滅亡（一三七〇年頃～一三九二年）

もし経済的窮乏と深刻な内紛に陥らなかったならば、おそらく高麗は元王朝（一二七一～一三六八年）の衰退・崩壊の機を利用して、立ち直り、完全な独立をかちえることができたことであろう。事実一三五六年に、北東部の一部辺境の回復に成功したばかりか、元の年号を廃し、またクーデターを試みた（一三五六年）親元派の奇轍《キチヨル》（?～一三五六年）一派を、権力から駆逐することができた。しかし不幸にも、元の羈絆から解放されようというこの望みは、重大な障害にぶつかることになる。そのひとつに、紅巾賊の高麗領土への侵入が挙げられる。紅巾賊ははじめ元に反対して立ちあがったが、やがて略奪軍となって、ついには王都開城にまで襲撃を加えてきた（一三五九年、一三六一年）。障害の第二は、無規律な蒙古兵による不当徴収である。彼らは反元闘争に決起した中国人に追われ、今や江華島《カンファド》の住民を犠牲にして生きのびようとやっきになっていた（一三六二〜一三六四年）。今ひとつの障害は、さまざまな国籍を持つ海賊による朝鮮の沿海・領海への侵入である。高麗におけるこのような状況と不運のため、国家の復興はほとんど望むべくもなかった。

中国の新王朝、明《みん》の出現（一三六八年）は、高麗の政治家たちにいくばくかの希望を与えた。彼らは一三六九年以降、明との和親の樹立を急いだ。が、約二〇年後には、それも無に帰した。半島北東部に蒙古が一三五六年まで占領していた地域（前出、六六ページおよび六九ページ参照）を、明が自らの支配下に置くという意向をはっきりと言明したからである（一三八八年）。そのうえ、高麗の政治家のあいだでは、この隣接する強国にいかなる態度をとるべきかについて、なかなか意見の一致がみられなかった。ある者が中国との隷属関係はいっさい破るべきだと唱えると、逆にまたある者は、その関係を続けて、そこから利益と保護を得るべきだと忠言するありさまだった。遅疑逡巡をくりかえしたのちついに、明の野望を打ち砕こうと、三万八八〇〇の兵から成る遠征軍の遼陽地方派遣を決定した。ところが、鴨緑江河口の威化島《ウイファド》に到着した（一三八八年）とき、遠征軍指揮官の李成桂《イソンゲ》将軍（一三三五〜一四〇八年）は時間かせぎをすることに決めた。李成桂はもともと、明との協調路線派の主要指導者のひとりであった。彼は「回軍」（兵を回して高麗の都、開城へ向けること）し、宗主国である明の権限下にある領土に力ずくで入り込むことの危険性について、王室の注意を喚起させた。このような彼の態度は、実際のところ、彼自身熟した大胆な野望を抱いていたにもかかわらず、政敵が彼の不在をさいわいに、自分を排除するのではないかという怖れからきたものである。急いで都へ戻ってきた李成桂は政敵打倒に力を集中し、王を廃した。以来、国内で全権を掌握してゆき、ときを移さず政敵を経済的に弱体化させようと考えた。彼に刃向かう大貴族の私田保持の文書である田籍（土地台帳）を焼却させ（一三九〇年）、このときとばかりに、彼らの収入源を完全に涸渇させた。こうして李成桂は、高麗王朝とその側近を一掃する決意をともにする者たちのために、新たな分田に着手した（科田法《クアジョンポプ》、一三九一年）。王建《ワンゴン》が九一八年に武力によって築きあげた王氏の一族は、権力の座から追放されたのである。恭譲王《コンヤン》（一三八九〜一三九二年）が、李成桂その人に譲位し（一三九二年七月十七日）、李成桂を太祖とする朝鮮（「李氏朝鮮」）という新王朝が、政治舞台において最終的に高麗王朝に取って代わった。

第五章　李朝時代（一三九二～一九一〇年）

I　行政機構の再編成（一三九二～一四九四年）

新国家は一三九三年国号を朝鮮《チョソン》として、明の皇帝から賛同を得、みずからを巧みに古朝鮮（前出、一六ページ以降参照）に結びつけた。失墜した高麗王朝に対する李朝太祖《テジョ》（一三九二～一三九八年）の態度は、断固たるものであった。高麗最後の王はまず流刑に処せられ、次に数名の親族とともに死刑にされた（一三九四年）。脅迫と追従がゆきかい、貴族は新王朝のまわりに集まった。新王朝は彼らを味方につけるのが得策と考えた。たとえば、李穡《イセク》らは伯《ペク》の位を授かった。だが、信任を得られないままの者は大部分政治からはなれて引退するか、みすぼらしい地位に甘んじながら生涯を終えるしかなかった。ところがやがて、王族内部で王位継承者選出をめぐる紛争が起こる。それは、事実上、太祖の第一王妃の出自である韓《ハン》氏一族と、王妃の死（一三九一年）後、女《むすめ》の後宮入りを果たした康《カン》氏一族とのあいだで争われた。そしてこの第二王妃の子、芳碩《パンソク》が太子に任命される（一三九二年）のであるが、これがきっかけとなって、以来この両門閥間の抗争はえんえんと続くことになる。

康氏一族は六年間（一三九二～一三九八年）、もちろん太子・芳碩を擁し、軍事・政治の実権独占に成功した（『太祖実録』第六巻参照）。だが最終的には、太祖の第一王妃の第五子である芳遠《パンウォン》と強く結びついた韓氏一族が武力で相手の門閥を打ち倒し、その勝利は、太祖が第一王妃の第二子の芳果《パングア》を後継者に決め、彼が定宗（一三九八～一四〇〇年）の名で君臨するまで続いた。定宗には子がなかったので、弟の芳遠が後継者に任ぜられたが、これは韓氏一族の怒りを買う結果となった。韓氏一族は今や第一王妃の第四子芳幹《パンガン》を擁立していたのである。このように露骨化した危機は、しかし結局、芳遠、すなわちのちの太宗《テジョン》（一四〇〇～一四一八年）の陰で策謀していた門閥の勝利に終わった。

以上要約したような、けっして例外的とはいえない諸事実から想像がつくのは、ときに血で血を洗う闘争、陰険な権謀術数であり、それがもとで一夫多妻君主の親族と姻戚のあいだには、ことに王位継承問題が起こるたびに対立が生まれた。この敵対関係や不和に加え、やがていわゆる「理念（イデオロギー）的」性格を帯びた争い（後出、第四節参照）まで起こって、権力の有効な実施はますます困難になっていく。

開城から漢陽《ハンヤン》（現在のソウル）への遷都（一三九六年）にともなって、行政機構の改編が行なわれた。中央統治機構として議政府《ウイジョンブ》があり、これは領議政・左議政・右議政という三人の最高官僚が統轄した。高麗時代の六曹《ユクチョ》（前出、五三ページ参照）は、そのまま維持された。一四一三年、全国八道《パルト》にそれぞれ中央官庁の任命した観察使《クアンチャルサ》（監司《カムサ》、道知事）がおり、その補佐機関として、すでに述べた六曹の地方版ともいうべき六房《ユクバン》が置かれた。二万七四四〇人の衛兵が、都の秩序維持にあたった。さらに地方には、その地で徴兵された約二〇万の兵が配置された。

立法者らは明の法典を参考にした。法はとりわけ反乱者に対してきびしく、反逆するとその親族までも重罪にとわれた。父や母、祖父母、あるいは兄・姉を殺害した者もみな死刑であった。直系の祖先に対する礼節は法条例で規定されており、政府への公然たる反逆の場合は別にして、親を告発することは禁じられ、これを冒せば死刑だった。偽造貨幣や偽造印鑑の使用もまた同罪である。強盗をはたらいた者は、その罪の軽重に従って、死刑になったり、奴隷の身分に落ちたりした。奴隷になった場合、体に「強盗《カンド》」の文字を入墨された。

II　社会構造と経済活動

李氏朝鮮時代には、高麗時代にあった社会機構がだいたいそのままの姿で見られた。王族とその親族を除くと、社会は両班《ヤンバン》、良人《ヤンイン》、賤人《チヨンイン》の順で構成されていた。移動のときには、だれもが身分証明書の保持が義務づけられた。両班出身は象牙あるいは角製の長方形のもの、良人・賤人なら木製の四角形のものだった。ただし、賤人の身分証明板は、良人のものに比べ大きなものが要求された。

両班は従来どおり、東人《トンイン》と西人《ソイン》に分かれていた。前者は文官の最高位だけでなく、ときには軍事的地位も占めた。両班の九つの位階のそれぞれが異なったふたつの階級を持っていた。原則的に、科挙《クアゴ》試験に受かった者だけが官職につくことができた。しかし実際は、官吏志願者は、忠誠心の厚い家の出であるという、自己の能力とは何ら関係のない保証を差し出さねばならなかった。その結果、すでに官職をつとめ忠節の証しをたてた者の縁故者に、公的な任務が与えられた。

良人階級のなかでは、農民が理論上、手工業者や商人より上に位置した。租税と賦役は、依然大部分耕作者によって支えられていた。李朝時代のはじめ頃、農業生産が憂慮すべきほど低下の一途を辿っていたので、なおさら彼らにとって、これらすべての負担は重いものであった。

都に約二八〇〇人の工匠《コンジャン》（手工業者）がいたが、彼らは厳格な統制のもとに置かれていた。地方で活躍した三五〇〇人の工匠についても同様である。主要手工業品は、布、武器、金属製道具、革靴、革甲冑などである。紙の製造や貨幣鋳造を専門に行なう作業所も、いくつか現われた。

賤人の名は、総体的に、法によって社会の外へ追いやられた身分の低い者たちを指していわれた。この最下位の身分に属する者には、とくに占い師、人相見、地相見、魔術師、巫女、歌手、大道芸人、踊り子、道化師がおり、いちばん下にいたのが、農奴・奴碑の群れで、一四八四年にその数は二六万一九八四人に達した。奴碑の値は政府から定められたが、性別・年齢別にまちまちだった。つまり、十六〜五十歳は四〇〇〇楮貨《チョファ》（楮貨とはこうぞの樹皮でつくった交換紙幣、八三ページ参照）、十六歳以下と五十歳以上だと三〇〇〇楮貨にしかならなかった。

仏僧は李朝時代にも依然として、重要な位置を占めていた。だが、経済状態を懸念し、儒教道徳の原理普及にしだいに熱意を示しはじめた政府が、寺院の経済力の制限と、多くの仏僧の不当徴収行為、ふしだらな品行の抑制に乗りだすにつれ、彼らの影響力はだんだん弱まっていく。

一四〇六年、政府は仏教寺院の数を二四二に制限して、私人の所有する土地と奴隷を没収した。その後（一四二四年）、一八の寺院のみ、「教」あるいは「禅」の宗派のひとつに所属する大寺院としての地位が与えられた。そして公認の僧の数は、全部で三七〇〇人となった。仏教に対する政府の態度には、しかし依然変化が見られた。その証拠に、王・世宗《セジョン》（一四一八〜一四五〇年）は早くも一四四三年に新寺院の建立を認めている。宮廷内に建てられた寺院まであった。また、世宗の後継者である世祖《セジョ》（一四五五〜一四六八年）らは、仏教三蔵の新版刊行事業を円覚寺にまかせたりしている。

それゆえ、経済的目的のため、儒臣の忠言に応えるため寺院反対行動が起こりはしたが、それでも一部特権層と大多数の人民の考えは変わらなかった。彼らはあいかわらず、既成秩序を永久に維持する力や、超自然的作用と考えられた災害・流行病から国を守る力が、仏教のなかにあると信じていたのである。

農業は引きつづき、重要な経済的基盤であった。『太祖実録』（第一巻）によると、土地は高麗王朝期と同様、李朝時代にも占有・開墾が行なわれた。要職にある貴族らは自分の領地を収入源としたし、またその家臣で富裕な者は、李朝出現のとき、あるいはすでに高麗王朝期に得た土地から、利益を吸いあげていた。官吏たちは俸禄をもらった。

地租は米や黄豆《ファンドゥ》（大豆）で支払われ、法律上毎年耕作地からの生産物の約一〇パーセントとされていたので、特権階級の需要を満たすにそれで充分だったとはいいがたい。したがって、一般に給田を所有していた彼らが守令《スリョン》（牧民官。地方長官）に向かって、法定徴収量に比べはるかに多量の米の引渡しを強要したとしても、驚くにあたらない。

絹織物の使用は金持ちに限られていたため、政府は麻・木綿生産の強化発展に腐心した。そのため、木綿生産は、それに最も適した風土の南部三道、慶尚・全羅・忠清道で免税が宣布された。

都では、市《いち》が原則的に月六回立った。卸売り商のほか、簡素な小売り店も存在した。行商隊はどちらかといえば、地方で活躍した。ごく日常的な交換物として、あいかわらず米と織物が使われた。交換紙幣の楮貨《チョファ》（八一ページ参照）一枚が、『文献備考《ムノンビゴ》』（第一五九巻）によると米一斗《トウ》（約一八リットル）、または麻布一疋《ピル》に該当したが、中国の習慣にならってこの楮貨が通用しだしたのは一四〇一年のことである。ところが、人びとがこの紙幣に見向きもしなかったことなど、いくつかの理由でその価値は急速に下落し、一四三二年になると、発行価値の十分の一にまで落ちた。新しい金属貨幣、朝鮮通宝《チョソントンボ》の流通も、あまり成功せず、そのため米と織物はなおも長いあいだ、全国的に最も通用する交換貨幣の役割を果たしつづけた。

Ⅲ　学問と芸術の発展（十四世紀末〜十六世紀初頭）

私立学校の書堂《ソダン》（寺子屋の類）では、漢文教育と漢字・朝鮮文字（ハングル）混交文典の講読が行なわれ、六歳から十四、五歳の裕福な家庭の息子がそこに通った。富豪は子供の教育を家庭教師にまかせた。

新たに建った官立学校、すなわちソウルの四学《サハク》（＝四部学《サブハク》）と地方の郷校《ヒャンギョ》は、漢文による詩文創作法と中国古典解釈をおしえること、要するに「中級」程度の教育を行なうのを目的とした。中央にはまた一三九八年に設置された成均館《ソンギュングアン》（最高学府）があり、そこで通常二〇〇人の選ばれた学生が、早くも高度の儒教教育を受けていた。地方の若者が教師に出会うには私立の書院に通わねばならず、そこを出ると、官職を望む者はさらに科挙試験に挑む必要があった。科挙はふつう三年ごとに行なわれた。試験科目は、文官を望むか武官を望むかによって、あるいはそのような高官でなく、ただの下級官位志望かによって、それぞれ異なった。

中国では、朱熹（朱子、一一三〇〜一二〇〇年）のいわゆる「理」派儒者と、陸九淵（一一三九〜一一九三年）の「気」派儒者のあいだで、はげしい儒学論争が展開していた。朝鮮でも、朱熹の中国人後継者たちの理論を擁護する李滉《イファン》（号は退渓《テゲ》、一五〇一〜一五七〇年）が、「気」派の代表者・李珥《イイ》（号は栗谷《ユルゴク》、一五三六〜一五八四年）と対立した。これらの論争の主要テーマは、物質との関連で自然と精神の関係をいかに解釈するかという問題であり、また認識の限界、思考探究の限界の問題であった。

朝鮮文字（ハングル）体系を作成した朝鮮の学者たちは、中国の古典作家・哲学者の研究に没頭していた同僚たちより、はるかに偉大な独創性を発揮し、はるかに意義ある事業をなしとげた。ハングル体系は、母音一一字、子音一七字の計二八字から成ったが、このうち四字はその後使われなくなった。ハングルができてはじめて、朝鮮音を音節ごとに文字化することが可能になり、したがってそれまでの漢字だけの吏読《イドゥ》体系（前出、四七ページ参照）だけをもはや頼らなくてよくなった。

伝統の面からみると、ハングルは画期的なひとつの発明である。その功績は世宗王（一四一八〜

一四五〇年）に帰せられよう。王の「訓令」から名づけられた「訓民正音《フンミンジョンウム》」（＝ハングル）（一四四六年）は、これら二八字のひとつひとつの書きかえ効果と、その使用法について説明をしている。しかしながら、固有朝鮮語音と漢字朝鮮語音にひとつひとつ厳密にあてられた符号によって成り立っており、単語を音節ごとに文字化するというこの体系が、あるいは次のような方法からの連想で考えつかれたのではないかと思う余地はある。それはサンスクリット語に用いられた方法、またウイグル語についで蒙古語をも書き著わすことのできた方法である。蒙古語は、朝鮮の代書生が蒙古人との接触の過程でその文字を通して学んだ言語である。もうひとつ別の可能性も考えられる。いくつかのハングル字母は、その音声的価値のために考慮された漢字の略字ではないかと思われる。いずれにしろ、これほど精密な体系が作られたということで、創製者たちが自国語の音声についてかなり豊かな知識を持っており、たとえば日本語の五十音表の持つ不便さを感じさせない文字を作ろうと配慮したことが、よくうかがえる。

一四四五年、李朝の祖先をたたえる歌を集めた『竜飛御天歌《ヨンビオチョンガ》』一〇巻を編むとき、ハングルがはじめて使われた。さらにふたつの作品が、世宗王の命で、やはりハングルで書かれ印刷された。釈迦牟尼の伝記『釈譜詳節《ソクポサンチョル》』（一四四七年）と、やはり釈迦牟尼の徳をたたえた記録『月印千江之曲《ウオルインチョンガンチグク》』（一四四九年刊行）である。

国家の奨励にもかかわらず、実際には文人はハングルをさほど用いなかったらしい。事実彼らは「口語朝鮮語」のなかに、たんなる固有語しか見なかった。それでも、これらの文字は、文学的な韻文形式のあるものを書きかえるには、非常に便利なものだったようである。そのような詩形式は、やがて十五〜十六世紀に発達する。ここでは時調《シジョ》と歌辞《カサ》について見ることにする。
時調とは本質において三行からなる詩のジャンルに属するものである。各行はまた多様な音節から成っている。一例として、李朝期の妓生《キーセン》（芸妓）をうたった黄真伊《ファンジニ》の時調作品を引用しよう。

내언제　信義없어　님을　언제　소겼관대
月沈三更에　올뜻이　전혀　없내
秋風에　지는닙소리야　낸들　어이하리오

いつの日われにまこと失せ　君を欺こうぞ
月のなき闇の夜更け　君の来る気配さえなく
秋風に　そよぐ葉音に　狂おしきわが心

歌辞とはリズムを持った歌のことで、三•四もしくは四•四の音節構成の比較的長い一連の詩句で成りたっており、詩人の丁克仁《チョングギン》（一四〇二〜一四八一年）がその始まりといわれている。このジャンルでの第一人者は鄭澈《チョンチョル》（号は松江《ソンガン》、一五三六〜一五九四年）であろう。失恋が彼に、次のような詩を作らせた。

저가난　저　각시　본　듯도　한더이고
천상　백옥경을　엇지하야　이별하고

해다저　저믄　날의　눈을　보라　가시난고
そこを往くかの乙女　面影ありし顔よ
天上の自硬玉の都　なぜに見捨てて
しじまの夕闇どき　誰ぞ良き人に会いにゆかん

散文では、中国明《みん》朝時代の小説をヒントに、朝鮮の文人がかずかずの作品を生みだすが、それらは当代朝鮮社会の研究に欠かせない最良の文典となっている。金時習《キムシスプ》（一四三四〜一四九三年）が漢文で書いた『金鰲新話《クムオシンファ》』は、中国の小説『剪燈新話』の模作であるが、朝鮮では最初の小説である。次に朝鮮文で書かれた許筠《ホギュン》（一五六九〜一六一八年）の『洪吉童伝《ホンギルトンジョン》』は明らかに朝鮮小説史最初の画期的作品である。

李朝期に編纂された歴史書で、まず挙げるべきは『朝鮮王朝実録《チョソンワンジョシルロク》』である。これは王室の修史官らが一四一三年に漢文で記録しはじめたもので、太祖から始まる李朝王代々の主要事件を扱っている。一八六四年末に完成を見たこの史書は、実に全八八八帙一八九三巻に及ぶ。この最初の歴史原典を補うものとして、最終的には十九世紀末に完成された年代記『国朝宝鑑《ククチョボガム》』（全九〇巻二八組）がある。鄭麟《チョンイン》趾《ジ》（一三九六〜一四七八年）が中心になって、一四五一年『高麗史《コリョサ》』（全一三九巻一〇〇組）を完成させたが、これは高麗王朝史関係の最も完璧な原典といえる。金宗瑞《キムジョンソ》（一三九〇〜一四五三年）らが編んだ『高麗史節要』（全三五巻）は、前記『高麗史』に記録のない事件をとりあげている。徐居正《ソゴジョン》（一四二〇〜一四八八年）編纂による『東国通鑑《トングクトンガム》』（全二六巻）は、朝鮮半島の起源から高麗王朝末期に至る歴史を記述している。一四五四年の『世宗実録地理志《セジョンシルロクチリジ》』（全八巻）は、朝鮮各道の地理・経済の情報を集めたものである。これがもとになってのちに作られたのが、『東国輿地勝覧《トングクヨジスンラム》』（全五〇巻二五組、一四八一年）である。許浚《ホジュン》の医書『東医宝鑑《トンウイボガム》』（全二五巻五組、一六一〇年）は、中国・日本でも高い評価を受けた。

宮廷音楽については、一六一〇年の日付を持つ『楽学軌範《アナクキボム》』（全九巻三組）がこれを扱っている。この書には、ことに郷楽《ヒャンアク》と雅楽《アアク》（前出、六六ページ参照）に関するおびただしい情報が集められている。

製陶術はすでに高麗期に飛躍的発展をとげた（前出、六五ページ参照）が、李朝期に至ってもなお衰えを見せなかった。ただ、この時代の人びとは青磁よりも、浮彫り模様の白磁を好むようになった。また、螺鈿象嵌《らでんぞうがん》の漆工芸もこの時代に飛躍をとげ、こんにちに至っている。

この時代に図画署《トファソ》という一種の美術学校が設置された。宮殿・寺院など多数の建造物は、いくたの戦災・地震に耐えぬいてきたが、不幸にして十六世紀末、日本の侵略によってその姿を消した。ソウル南《ナム》大門《デムン》の建立は一四四七年にさかのぼる。当時の仏教芸術の遺産のうち、最も有名なものに三つの卒塔婆がある。ソウル円覚寺《ウオンガクサ》の一三重の塔は、一四六七年に作られたものであるが、江原道襄陽《ヤンヤン》の洛山寺《ナクサンサ》の塔と、京畿道驪州《ヨジュ》の神勒寺《シンノクサ》の塔の正確な建造年はわからない。

Ⅳ　思想的・政治的対立の激化

すでに述べたような（八四ページ）儒教二派の論戦は、政治の分野にもすぐさま反映された。まず、朝鮮東南部（慶尚道）出身の「理」派指導者らが、士林《サリム》派を構成した。この派は、慶尚道の古名から嶺《ヨン》南《ナム》派とも呼ばれた。他方、中央部（京畿道）出身の「気」派の儒者らは、勲旧《フング》派（または畿湖《キホ》派――畿湖は京畿道の古名）を成した。この二派の争いは公然たるものであった。いわゆる思想集団であるこれら派閥のうらには、しばしば政治家の陰謀がかくされていた。彼らは口では、善政の儒教的原則にけっして抵触してはならないとしながらも、その実、王室内や政府上層部で衝突の続いている側近たちの利害と、そして地方の有力豪族の利害を守っていたのである。当時、地方では経済的理由に加え、伝統的な地域意識がおりなす不信と偏見から、対立がくりかえされていた。

世祖《セジョ》王（一四五五～一四六八年）と彼の顧問たちは政権奪取にあたって、端宗《タンジョン》王を追放・虐殺するという残忍な手口を用いたが、このことは嶺南派の怒りを大いにかきたてることとなった。嶺南派はこのときとばかり、この事件を口実に畿湖派に取って代わって、とりわけ成宗《ソンジョン》王（一四六九～一四九四年）のとき、それまで遠ざけられていた中央政界の要職を占めた。以来、今度は畿湖派が密告運動を行ない、金馹孫《キムイルソン》（一四六四～一四九八年）らを権力の座から排除しようとした。このような党争はなおも続き、一五〇四年、燕山君《ヨンサングン》（一四九四〜一五〇六年）は実母の成宗王妃の殺害に加わった者たちを逆に殺した。この者たちは、嶺南派の指示で動いていたのである。一五〇六年のクーデターで燕山君の退位に成功した嶺南派の地歩は、ふたたび確固たるものとなる。さらに、趙光祖（一四八二〜一五一九年）ら「新人」が、畿湖派の基盤をくつがえそうと試みたが、かなわなかった。またしても畿湖派が権力闘争において、嶺南派打倒に成功するのである（一五一九年）。

狂信的な教条主義者らは、身分意識に駆られ、金孝元《キムヒヨウオン》（一五三二〜一五九〇年）派と沈義謙《シムウイギヨム》（一五三五〜一五八七年）派とに分かれて、一五七五年ふたたび争いを始めた。かつての嶺南派の流れをくむ前者は東人《トンイン》派をかたり、畿湖派を継ぐ後者はみずからを西人《ツイン》派と名のった。ところが一五八九年、東人派も内部分裂を起こし、やがて南人《ナミン》派と北人《プギン》派に分かれた。北人派は西人派にやや近い。こうして、かつての兄弟が敵同士となって、たがいに陰謀をめぐらしつづけたのである。

このような陰謀と、それがもたらす報復行為にまきこまれるのをおそれた大多数の文人・官吏は、「もはや国政に口をさしはさむ勇気さえなかった」（『栗谷 全書《ユルゴクチヨンソ》』第五巻中「万言封事《マノンボンサ》」参照）。彼らは宮廷から遠ざかるか、または慎重に隠遁の道を選んで、よりよき余生を送ろうとした。むなしい党争はなおも続いたが、そうこうするうちに、今や日本の侵略が起ころうとしていた。

V　日本・清の侵略

朝鮮と日本の善隣関係は、十六世紀末まで続いていたが、その間に、両王朝の使節交換はほとんど見られなかった。『増補文献備考《チュンボムンノンビゴ》』（第一七八巻）によると、李朝は五回しか（一三九七、一四〇九、一四二〇、一四四三、一五九〇年）派遣しておらず、日本側も一三九九～一五九一年のあいだに一三の使節団を送ってきただけである。ことに、この最後の日付は、記憶にとどめおくべきだろう。実際、日本列島の実権を握ったばかりの豊臣秀吉が、中国攻撃のため朝鮮を通過するとの意向を、朝鮮側に通達したのが、まさにこのときだからだ。李朝がこれに対し拒否回答をしたところ、それが口実となって結局、秀吉は陸軍二〇万・水軍九〇〇〇の遠征隊を一五九二年、釜山《プサン》に上陸させた。侵略軍は、戦闘態勢もまだ整わない朝鮮軍を撃退して難なくソウルを取り、次にひとたび平壌を占領すると、一気に北方国境線に向かって、破竹の勢いで急襲作戦を敢行した。

宣祖《ソンジョ》王（一五六七～一六〇八年）が明の軍事援助を要請して受諾され、最初の援軍がやってきたが、数的にあまりに弱かったため（五〇〇〇名）退却を余儀なくされた。しかし最終的に、強大な明軍（五万）と朝鮮軍は、侵略軍を撃退し、南部にひと握りの敵兵を残しただけで残りの朝鮮半島全域を解放した（一五九三年九月）。その間、朝鮮の李舜臣《イスンシン》将軍（一五四五～一五九八年）は亀甲《コブク》船を建造するなどして、朝鮮南部沿岸地方の巨済島《コジェ》と閑山島《ハンサン》に無謀にも入り込んだ日本艦隊に甚大な打撃を与えた。

ここで次の事実を記しておくことは無益なことではないだろう。すなわち、明軍が大陸に引きあげてから（一五九二〜一五九三年）、明の皇帝は、みずから望むような主従の国家関係を豊臣秀吉とのあいだに結ぼうとしたことである。明は武家の総大将である彼を誤って君主と解したのである。これはむろん、豊臣秀吉を駆りたてていた復讐心により断ち切られてしまった。

一五九七年、ふたたび朝鮮とのあいだに生じた敵対関係は、またも日本に不利に展開した。日本の侵略軍は、中国に助けられた朝鮮軍に大敗を喫し、太閤秀吉の死（一五九八年八月）が伝わるや、急ぎ海峡を遁走していった。この二度にわたる侵略による被害で、朝鮮の経済が直面する重大な危機は、いや増すばかりであった。十六世紀末の数年間に耕地の数は、三分の二も減少したといわれる。日本の侵略がもたらした今ひとつの結果は、朝鮮陶工の日本への拉致である。彼らは、とくに九州に住みついて共同体を築き、ながらく栄えていった。

今度は、ソウル政府の権威がとても及ばなかった北方境界地域に、あらたな危険が発生した。

一四五三年、朝鮮の将軍、李澄玉《イジンオク》（?〜一四五三年）が、女真の族長らと組んで咸鏡北道鍾城《チョンソン》地方で反乱を起こした。女真族は金王朝滅亡（一二三四年）後、隣接地域を占領しつづけていたのである。この辺境における王室権力の弱さは、次の事実からも充分にうかがわれる。つまり、一四年後（一四六七年）、李施愛《イシエ》（?〜一四六七年）という土豪が、隣接する女真の支持を受け、実に彼が逮捕・処刑されるまでのあいだずっと、中央に反旗を翻したままこの地に居つづけたことである。

のちに、一四七五年から一六〇七年まで、満州地方の遊牧部族が、朝鮮王国の北東国境地域へのたびかさなる侵略を敢行できたのも、明らかにこの政権の権威のなさによるものである。それでも、彼らが中国北部を占領したとき（一六一六年）、直接李王朝を攻めなかったのは、中国南部で抵抗を続ける明をまず第一に駆逐する必要があったからだ。ひとたび中国領土の主人となるや、満州人（清王朝）はすぐに朝鮮に対し、強硬な態度をとった。清軍は一六三六年朝鮮北部に侵入し、皇帝太宗はみずから仁祖王《インジョ》（一六二三〜一六四九年）に、屈辱的な条約を強要した（一六三七年）。それは、仁祖王に清の年号を採用させ、人質としてその子らを清の皇室に送ることを迫り、李朝を清朝の属国的地位に置こうとした。

VI　新しい学問の傾向——実学

すでに述べた（八一ページ以降参照）政治家や派閥の、ひどく自己本位で近視眼的な策動を一方とし、これから述べる一群の学者たちの示した「国家的なもの」、祖国の将来への憂慮の心情を他方とする、このあまりにも対照的な差異に、思想史家は驚かされる。後者の学者たちは、清の時代に中国人の顧炎武（一六一三〜一六八二年）によって有名になる考証学派に学んで、古典の「批判的検討」方法と解釈を身につけ、また漢書を介して間接的に、科学の原理や西洋の経済観を学びとった者たちである。朝鮮では、実学《シルハク》の根底に流れる功利主義的プラグマティズム、百科全書的知識、批判精神が、朝鮮社会を停滞させていた時代おくれの伝統的な儒教思想、理元主義に対し、ゆるやかではあるが、しかし確固たる調子で批判を開始していくのである。

李睟光《イスグァン》（一五六三～一六二八年）は、その著『芝峰類説《チボンユソル》』（一六一四年）で示した百科全書的かつ批判的精神によって、プラグマティズムの最初の代表のひとりと目されている。また知識を広め、同時代の文人の批判精神を鋭利にした功績は、柳馨遠《ユヒョンウォン》（一六二二～一六七三年）、李瀷《イイク》（一六八一～一七六三年）、丁若《チョンヤ》鏞《ギョン》（号は茶山《タサン》、一七六二～一八三六年）に帰せられる。彼らは三人三様に、改革を要求し、科学・経済分野における西洋の優位を確立した思想と方法を体得する必要性を力説した。茶山の思想が最も明確に表われているのは、彼が漢文で書いた『経世遺表《キョンセユピョ》』（全一六巻、一八〇一年）と『牧民心書《モンミンシムソ》』（全一六巻、十九世紀初頭）である。

思想の革新と知識の近代化に多くの努力が傾けられたからといって、伝統的な研究が中断されるようなことはけっしてなかった。実際に『東国文献備考《トングクムノンビゴ》』（全一〇〇巻・四〇組）は一七七〇年に書かれたし、一七七六年に設置されたアカデミーの奎章閣《キュチャンガク》では中国の儀典に関する『全韻玉篇《チョンウムオクピョン》』（全二巻、十八世紀末）の編纂を行なった。

こうした新しい傾向は、常民《サンミン》（一般庶民、百姓）の人びとを口語の朝鮮語で教育するための努力にも生まれるようになった。それは、政治的諷刺の込められた文学作品にも表われている。こうして『春香《チュニャン》伝《ジョン》』（十七世紀末）は、中国式の文学的紋切り型が多すぎて重くるしい印象を与えていた当時の物語の世界にあって、かずかずの風俗画を描出しながら、明のある種の小説のように高官と封建的身分制度の悪行を糾弾する。『謝氏南征記《サシナムジョンギ》』と、かの有名な『九雲夢《クウンモン》』の作者である金万重《キムマンジュン》（一六三七〜一六九二年）は、とりわけ両班《ヤンバン》（貴族、支配階級）に対し、辛辣であった。彼は両班の腐敗ぶりと不当徴収行為を非難している。作者不詳の『沈清伝《シムチョンジョン》』、『興夫伝《フンブジョン》』、『三仙記《サムソンギ》』も、このような社会諷刺の傾向を見せている。明・清時代の中国小説にならったこれらの作品は、ユートピア志向――逃避欲？――をその主たる特徴としており、仏教思想と儒教倫理の刻印をとどめている。画家たちは引きつづき、中国の様式を使っていたが、しだいに朝鮮の風景を再現し、当代の風俗画をリアリズムの手法で描く傾向をいっそう明確にしていく。

一七五〇年頃から一八五〇年にかけて、実学派の現実主義的進歩派は、保守派の主張する儒教的思想を絶えずくつがえしていった。彼らはまた、宮廷中心の陰謀や党争の後遺症をきびしく指弾し、仏僧の欠陥についても批判を加えた。仏僧は人びとを迷信に追いやり、士大夫の目を社会生活の提起する諸問題からそらせたとして、非難されたのである。

したがって、生活方式・思考方式の逆転によって深い混乱に陥っていた思想家たちに向かって、崔済愚《チェジェウ》（一八二四〜一八六四年）が東学《トンハク》という救世の教義を唱えた（一八六〇年）といっても、けっして驚くにあたらない。この人物が政治的目的を追求したかどうかは、重要なことではない。われわれにとって重要なことは、唱えられた説教文（「天」への無条件の信仰が信者に肉体と霊魂の不滅を保証するという）の単純さが、数年内におびただしい数の信奉者を集め、そのあまりの勢いに、政府がこれにきびしい弾圧を加えたという事実である。教祖と約二〇人の弟子が処刑された。しかし、東学組織はその後も非合法に発展を続け、王室の無能ぶりを絶えず非難しながら、たびたび「愛国的」反乱を起こした（後出、一〇四ページ参照）。

Ⅶ　西洋思想とキリスト教の浸透

ごく少数の朝鮮人が、十七世紀の初頭以前に、西洋の存在を知っていたことは、李睟光《イスグアン》（前出、九四ページ参照）の著書の一節によって、すでに明らかである。彼はP・マテオ・リッチ（一六一〇年北京にて客死）の中国語論文『天主実義』に言及している。さらに知られていることは、朝鮮の一外交官が一六〇三年、中国からヨーロッパ地図を一枚持ち帰ったこと、そしてまた、ある大使が中国から帰国して（一六三一年）、王に火砲・時計・望遠鏡および西洋に関する書物などを献上したことである。のちに、清皇室に人質とされていた太子の昭顕《ソヒョン》（一六一二～一六四五年）は、自然科学と天主教に関する中国語論文を、持ち帰った（一六四五年）。

一六二八年に至って、ヨーロッパについてのさらに多くの情報が、より直接的に入ってきた。事実、この年、三人のオランダ人水夫が済州島《チエジユド》（ケルパールツ）沿岸で遭難し、そのうちヴェルトヴリーはそのまま朝鮮にとどまって朴淵《パンニヨン》の名で、とくに火砲製造法を教えた。二四年後（一六五三年）、ヘンドリック・ハメルら約三〇人のやはりオランダ人が漂流し、自由の身となる（一六六六年）までの一二年間、天文学や火器・大砲の使い方についての新情報を提供した。ハメルは『済州島沿岸におけるオランダ船漂流記』（日本語訳『朝鮮幽囚記』、生田滋訳、平凡社・東洋文庫、原本はロッテルダム、一六六八年）という興味ぶかい見聞録を残している。またこれは一六七〇年にパリで仏訳刊行されている。

天主教の導入に関しては、ダレの『朝鮮教会史』に登場する李承薫《イスンフン》（一七五六〜一八〇一年）が、一七八三年に父に伴って中国へ渡り、翌年洗礼を受け、一七八五年ソウルに戻ってから、天主教団を組織したことが、知られている。その頃の天主教の影響力は、首都においてかなり強かったと思われるが、ともかく王室はこの宗教を、邪教として糾弾する（一七八六年）に至り、天主教徒の権尚然《クオンサンヨン》（？〜一七九一年）と尹持忠《ユンジチユン》（一七五九〜一七九一年）を、先祖の銘を刻んだ位牌を焼却したかどで処刑した。

三年後（一七九四年）、中国から周文謨（一七五二〜一八〇一年）なる司祭が朝鮮にやってきて、十八世紀末には約一万人を改宗させたというが、この数字は李基白《イギベク》氏の見解（『国史新論』、二七九ページ）に従って、四〇〇〇とするべきである。ともあれ、外来宗教が朝鮮半島で急速に成功を収めたということは、一八〇一年の勅令によりその宗教が禁じられ、信者が処罰されたことからも明らかである。李承薫と中国人司祭の周は最初の殉教者に数えあげられた。脅迫を受けながら、それでも生き残った信者らは、黄《ファン》嗣永《サヨン》（一七七五〜一八〇一年）を派遣し、北京の司教に事態を報告しようとした。それは、朝鮮の王から天主教信仰の実践・布教の許可が得られるよう、中国皇帝とヨーロッパ列強に介入を要請してほしいというものだった。だが、この試みは失敗に終わる（一八〇一年）。さまざまな紆余曲折を経て、それでもついに王室政府の明確な同意のないまま朝鮮に教区が設けられ（一八三一年）、この国における布教活動は、パリ外邦伝教会に任せられることになった（一八三三年）。以来、フランス宣教師が、朝鮮に入り込んでくる。モーバン司祭が一八三七年中国からやってきて、最初の司教アンベール猊下とシャスタン司祭も、同年到着する。そして二年後（一八三九年）、信者数は九〇〇〇近くにのぼり、これが当局にとってはふたたび不安要素となり、ついに信者虐殺命令が出るにおよんだ。フランスの三人の聖職者が信者らと運命をともにした。それでも一八四三年には、金大建《キムデゴン》（アンドレ・金、一八二一〜一八四六年）が、最初の朝鮮人司祭に叙任され、天主教徒数も一八五五年に一万三六三八、一八五七年には一万五二〇六と急速に増加していった。最終的に（一八八八年）キリスト教布教の自由が、ソウル政府から認められたのは、次のような事情からである。一八八六年の「朝仏修好条約」の中国文テキストの第九条の文中に、漢字朝鮮語の「教誨《キョフエ》」が見うけられるが、正確には「教える」、「善行を奨励する」という意味を持つこの語をめぐって、とくにフランス・米国の外交代表がこれを、宣教師にキリスト教の教育権を認めるものと解釈したため、はげしい論争が続けられた。むろんこの点は、仏文テキストでもはっきりしなかった。何度か抗議が行なわれたすえ、ついに朝鮮政府は外交官たちの執拗さに折れて、カトリックとプロテスタントの両宣教師に布教の自由を与えることになった。

Ⅷ　経済状態の悪化

最初の悪化現象は、日本の侵略（前出、九一ページ以降参照）で荒らされた大部分の土地が、まだ耕作されなかったことから起こった。『文献備考』（第一四一〜一四二巻）によると、課税される耕地面積が、日本侵略以前の一五七七年に一五一万五五〇〇結《キョル》以上あったのが、一七一九年には一三五万九三三五結と落ちこんだ。一方人口面では、一六六九年の五〇一万八六六四四人から、一七一七年にはすでに六八四万六五六八人と激増したため、十八世紀初頭における経済状態は、十六世紀末に比べてはるかに悪化した。この傾向はその後も続いた。というのも、一八一三年、全人口（七〇〇万）の三分の一近い約二五〇万の農民が、飢餓線上にあったと考えられるからである。

この期間、人びとの深刻な貧困を考慮して租税自体軽減されたという事情もあるが、政府の徴収する現物税率は減少する一方であった。地租が収穫の一〇パーセント以下に、正確には、毎年理論上三五〇斗を産出するといわれる耕地面積一結あたり一二斗に軽減されたというが、実際には、この軽減された税のほかに、反日戦争に必要な出費として特別税三手米《サムスミ》の名目で二斗二升が取りたてられ、さらに、戦後も従来どおりに雑税として一〇斗徴収された。そのうえ、官吏の汚職と不当徴収の行為が依然重なり、農民の肩には絶えず重い負担がのしかかるようになった。

一七四五年、英祖王《ヨンジョ》（一七二四〜一七七六年）への請願書に、次の記述が見られる。人民の財源が涸渇した真の原因は、汚職官吏の贅沢の習慣にある、と。同じ時代の別の史料を見ると、行政官が被治者に対し、「同情税」（賄賂の類？）という補助税を、個人的に強要している。おそらく一七七七年の編者不明の写本『要覧』にこのときの状況が次のように述べられている。「どの土地が税を軽減されたか。三二〇万の成人男子〔がいる〕という。しかし……彼らの支払う税はどこへ行くのか。……税に打ちひしがれて、農民はもはや田を耕すこともできない。田はもはや、うじ虫ほどの値打ちもない……。村にはだんだん人がいなくなっていく」。たとえば、慶尚南道晋州《チンジュ》の守令・白楽莘《ペンナクシン》が非難された理由は、たった一年間（一八六二年）で、地代の名目で四一〇〇両《リャン》の金を不法にかすめ取ったこと、さらに、晋州の行政および軍隊維持のため中央政府から与えられた予算のうち、三八〇〇両と約一〇六六石の米をこっそりと天引きし、また罰金として少なくとも四〇〇〇両をまきあげたことである。

貧困と官吏の不当徴収の直接的結果として、流民および乞食の数が急激に増加した。『英祖実録《ヨンジョシルロク》』（第五五巻）の語るところでは、一七四二年に「各道の流民が全国から首都に流れ込んだ。悪疫のため、〔彼らのあいだに〕死が絶えることなく〔猛威をふるっている〕。〔死体は〕路傍に見捨てられたままである。恐ろしくも痛ましい光景である」。

これらの極貧者のなかには、安住の地を求めて南満州や、ときにはシベリアまで行った者もいた。勇敢な者たちは、意を決して反乱に身を投じた。主な反乱の地は、京畿道（一六〇七年、一七一〇年）、黄海道（一六〇七年）、忠清道（一六七一年）、全羅道（一七一〇年）である。『景宗実録《キョンジョンシルロク》』（第三巻）によれば、一七二一年、「泥棒・強盗（実は反乱農民）の群れが、全国を駆けめぐっている。彼らは、あちこち至るところで略奪をはたらいている。ある者は乗馬を持ち、銃を撃ち、白昼に殺戮〔を行なっている〕」。一八一一年末平安道に起こった反逆は、とりわけ注意を引く。これは実際、もはや単なる強盗行為とはいえず、正確には洪景来《ホンギョンネ》（一七八〇～一八一二年）指揮下の組織的反乱というべきである。土地収入の減少でひどい痛手を受けた大地主らが、これを支持した。反乱軍は、政府軍によって敗走せざるをえなくなるまで四カ月間、清川江《チョンチョン》流域でがんばりつづけた。

ついに、反乱は全国に広がり、なかには首都のすぐ近くで起こったものもある。済州島では住民の四分の一以上が、何度もはげしい暴力行動に参加した。

Ⅸ　外国勢力の干渉

十九世紀初頭から朝鮮沿岸に西洋の戦艦が現われて、政治的混乱はさらに増していった。西洋列強は例外なく、この「朝鮮《あさあざ》やかなる」国との関係を結ぼうとつとめた。彼らはまだ、この国についてほとんど何も知らなかった。一八三九～一八四二年に中国で起こった事件（アヘン戦争・南京条約）や、日本の部分的開国がなされた時期と前後してあった列強との紛争に、ソウルの指導層の不安はいやがうえにも深まっていった。

幼少の高宗《コジョン》王（一八六三～一九〇七年）の実父で、当時大院君《テウオングン》の称号をもって統治していた李昰応《イハウン》（一八二〇～一八九八年）は、一八六六年、朝鮮でなお非合法活動を続けていたフランス宣教師一二名中九名と、朝鮮人信者八〇〇〇名以上の死刑を決定したが、この決定には、外国列強の意図がくみとれないうえ、何とか体面を保とうと腐心する朝鮮政府のとまどいがよく表われている。

外国からの脅威は、はっきりとした形をとって現われる。右の流血的迫害のすぐあとで、リデル、フェロン、カレの三神父が、朝鮮から北京駐在フランス政府代表アンリ・ド・ベロネ宛に報告を送った。急を知ったベロネは意を決して朝鮮に救助隊を派遣した（一八六六年）。フランス戦艦三隻が漢江《ハンガン》河口に錨をおろし、ローズ提督は虐殺を免れたフランス神父の即時釈放を要求した。が、そうこうするうちに、神父たちは脱出に成功し、ジャンク船に乗って中国へ渡っていった。

　この年（一八六六年）の七月、食糧と物資の補給という口実による米国船ジェネラル・シャーマン号の平壌近くへの侵入事件が起こり、朝鮮の地方官たちがこれと対決した。船は焼打ちにされてしまい、乗組員は殺された。北京駐在米国公使フレデリック・ローが、中国を介してソウルに抗議文を送ったが、回答はなかった。

　政治状況はしだいに複雑化していった。とくに、大院君に異を唱える政治集団は、閔妃《ミンビ》（王妃）を中心に結集し、大院君の政策を排外主義的・親中国的で、王国の存立自体を危うくするものとして非難しながら、彼を政権から追い落とすことに成功した（一八七三年）。閔妃を擁立した党派は、要職につくやいなや一八七五年五月、今度は日本の戦艦、雲揚号の事件に直面しなければならなかった。この船は大砲で威嚇しながら、釜山住民を大きな恐怖に陥れた。三カ月後（一八七五年八月）、江華島《カンファド》の要塞から船に発砲があったとして、日本の海兵隊員八〇〇が朝鮮上陸をとげた。これを背景にして強硬一徹の日本大使、黒田清隆は、ソウル政府にむりじいして、修好条規に調印させた（江華島条約、一八七六年二月二十七日）。その結果、朝鮮はさらに一歩開国へと向かい、同時に国防を固めるようになる。軍隊の一部は近代兵器を備えた（一八七六年）。五年後（一八八一年）、朝鮮の軍事使節が日本に派遣され、ついに日本の軍事教官が新式軍隊を朝鮮で教育することになった。

朝鮮政府がむなしくも追求しようとした鎖国政策は、やがて最終的に破綻をきたす。しかし、日本の新たな侵略（一八七七〜一八八一年）が、朝鮮軍司令官やさまざまな民族主義者集団の暴力的反応を呼び起こし、日本の軍事教官は殺され、ソウルの日本公使館も焼き払われた（一八八二年六月）。これに怖れをなした閔妃とその側近は王宮を去らねばならなくなり、大院君が日本・中国・西洋列強との妥協に望みをかける者たちの力で、ふたたび政権に返り咲いた。これらの事件に強い不安を感じた中国政府は、これ以上いつまでもこの情勢から身を遠ざけてばかりいられなくなり、三隻の戦艦を仁川《インチョン》停泊地に侵入させた（一八八二年八月）。二日後、花房義質の率いる日本使節団が仁川に上陸し、李朝政府に対し、謝罪と損害賠償の要求をした。ますます不安に駆られた北京政府は新たに戦艦を派遣しながら、呉長慶提督を先頭とする使節団をソウルに送り、朝鮮政府の態度に関する確約を得ようとした。大院君の清への強制連行は、軍人の怒りを爆発させた。そして一方、閔妃一党が政界復帰し、さらに日本への損害賠償を約束する済物浦《チエムルポ》条約の締結（一八八二年八月）は、それでなくとも危険な状況をいっそう複雑なものとした。

このとき閔妃一党が、日本・清のどちらに対しても用いた遅延策は、結局この両国への譲歩を生み、西洋列強にも朝鮮政府の弱点につけいるスキを与えた。米国（一八八三年）につづいて、その後英国（一八八三年）・ドイツ（一八八三年）・イタリア（一八八四年）・ロシア（一八八四年）・フランス（一八八六年）・オーストリア（一八九二年）・ベルギー（一九〇一年）・デンマーク（一九〇二年）と、各国が続ぞくと、朝鮮と修好条約（国交）を結ぶことになる。

X　李朝の滅亡

うちつづく経済不振、絶えまない政治紛争に加え、今や外からの脅威によって、危機的状況はさらに先鋭化し、これが独立党《トンニプタン》（開化党《ケファダン》ともいう）の改革運動を惹起する原因となった。一八六〇年以降の日本の改革モデルにならう改革派の指導者である金玉均《キムオクキュン》（一八五一～一八九三年）、朴泳孝《パクヨンヒョ》（一八六一～一九三八年）らは、中国や日本の援助を期待する保守派に公然と対立し、一八八四年十一月クーデターを起こした。だが三日後にはもう、中国の将軍、袁世凱がすばやく状況を掌握して、ふたたび保守派政治家を政権につかせた。混乱したこの機をついて、ソウルの帝政ロシア政府代表カール・ヴェーバーは、朝鮮政府にロシアの支援を申し出た。ところが、朝鮮国王がロシア皇帝のアレクサンドル三世に送った（一八八五年）親書は、二通とも知られる限りでは、無回答であった。その間に、仁川では諸外国が租界を作り（一八八四年）、英国は、ポート・ハミルトン（巨文島《コムンド》）に海軍基地まで築いた（一八八五年、その後八七年に撤収）。

外見上さほど重要な出来事ではなかったが、東学（前出、九五ページ参照）の指導者のひとり全琫準《チョンボンジュン》（一八五三～一八九五年）が、一八九四年初めに全羅道で起こした反乱は、実際きわめて重大な結果をもたらした。朝鮮政府は清軍にこの反乱の鎮圧を頼み、日本も居留民の生命・財産保護の名目で、七〇〇〇の兵をすぐに送り込み、ここに、清・日本両国は朝鮮の地で、のちにはその領海上でもあい戦うに至った（一八九四～一八九五年）。この日清戦争の結果（下関条約、一八九五年四月）、中国は朝鮮に対するすべての宗主権を失い、朝鮮は独立主権国家と宣言された。ところが一方、日本はというと朝鮮半島に対するその政治的影響力をますます強めていった。日本の勢力は、朝鮮において今にも他の諸国を決定的に圧するほどの勢いであった。その頃、閔妃は王宮に押し入った日本軍に虐殺されるという事件が起こっている（一八九五年十月八日）。

しかし日本の計画は、帝政ロシアの政策と真っ向から衝突する。ソウルのロシア公使館が、高宗《コジョン》王（一八六三～一九〇七年）と生き残った王族をかくまい（一八九六年二月、俄館播遷。俄はロシアの意）、日本の圧力から彼らを救いだした。一八九七年二月になってやっと、王は国の運命を導くために王宮に戻った。そして数ヵ月後（一八九七年八月）、国名を正式に「大韓帝国」と改めた。こうして、朝鮮政府と帝政ロシアとのあいだに、政治的接近が実現したが、このことがやがて、重大な政治的結果をもたらすのである。現実に、ロシアはときを移さず、英国・日本との争いに突入した。英国と日本は、親密な同盟関係を結ぶ（一九〇二年の日英同盟）。この同盟によって、結果的に日本は、少なくともその拡張政策がロシアの反対に遭わぬかぎり、朝鮮半島において自由勝手にふるまえるようになったのである。以来、軍事衝突が不可避となって、周知の結果となる。ロシアはむずかしい国内事情に足をとられ、また遠隔の地での攻撃に充分備えることもできず、ついに日本に降伏した（一九〇五年のポーツマス条約）。

このように何らの有力な支援もなくなった朝鮮政府に向かって、まもなく伊藤博文はまず手はじめに保護条約を強要した（一九〇五年）。これは朝鮮の外交を日本の統制下に置き、また、国内支配機構として朝鮮に統監府を設置する（一九〇六年）という内容だった。ハーグの第二回万国平和会議（一九〇七年六月）で朝鮮から抗議が表明され、一九〇七～一九一〇年に反日人民蜂起が朝鮮全土を覆い、また一九〇九年には、ハルビン駅頭で伊藤が列車から降りたところを安重根《アンジュングン》（一八七九～一九一〇年）に暗殺されるという事件も起こったが、事態は何ら変わらなかった。朝鮮は全土が日本に併合され、東京からの指示に従う朝鮮総督府の統治を受けるようになった。

侵略を受けた朝鮮では暴動が全国をゆるがし、全般的混乱がかもしだされたが、外来資本主義および日本の拡張政策の圧力によって、鉄道・電信・電話・鉱山網がはりめぐらされていった。

第六章　日本の支配（一九一〇～一九四五年）

一九〇五年の条約締結後再燃した朝鮮人民の、ときには暴力的性格も帯びたデモに対し、総督府は警察による一連の弾圧措置で応えた。さらに、朝鮮に「武断政治」が押しつけられたが、これは、海軍大将の斎藤実を唯一の例外として、日本政府の選んだ総督が、初代の寺内正毅から最後の阿部信行まで、すべて陸軍大将によって占められたことからもよくわかる。

寺内は結社・集会の禁止にとどまらず、朝鮮語新聞の発行まで禁じた。人びとを威嚇する目的で、教員はじめ文官らには、制服・サーベルの着用を義務づけた。「不服従罪」で逮捕される者の数は年々増えつづけ、一九一二年の五〇〇〇名が、一八年には一四万にものぼった。ときには、陰謀を考えたとの口実で捕まる者さえあった。たとえば、一九一一年、寺内の暗殺をはかったとのでっちあげ事件で、朝鮮人一〇五名が集団的に起訴された（一〇五人事件）。

日本にとって重要なことは、朝鮮で農業が急速な発展を見たこと、さらに言うと収税目的で、土地所有と所得を厳しい統制の対象にしたことである。これに沿って一九一二年、すべての地主に自分の敷地と土地面積を申告する法令が下された。ところが、おびただしい数の土地所有者が、日本当局のこの指令に従わなかったので、彼らの身には破滅的な災難がふりかかった。未調査の土地がみな「無主地」と宣告され、総督府の管轄下に置かれたのである。こうして、総督府は耕地面積の四〇パーセントを奪いとった。「無主地」のなかでも最良の土地、そして日本人債権者に借金を返済できない耕作者から奪った土地などが、強大な日本の東洋拓殖会社の所有となった。この会社は一九〇八年に創設されたもので、植民地主義的性格をはっきりと打ち出していた。このような締めつけによって、大多数の農民（調査農家数二六四万戸中七七・五パーセント）は、一九一六年頃には単なる折半小作農となり、自作兼地主の比率は二〇パーセントに減少し、全農家のわずか二・五パーセントにすぎない地主が全耕地のおよそ半分を所有した（すなわち、農民の八〇パーセント近くが小作人となった）。農民の貧窮はますますひどくなり、日本側資料によっても、一九二四年には四四・六パーセントの農民が飢えをしのげないほどだったという。このような事態に対し、人びとの苛立ちは募る一方で、一九二六年に羅錫疇《ナソクチュ》（一八八九〜一九二六年）による東拓会社への投弾などの襲撃事件があいついだ。

朝鮮知識人のあいだにも不満は増幅されていった。ウィルソン大統領が一九一八年一月に行なった民族自決権に関する声明に力を得た知識人らは、一九一九年三月一日「独立宣言」を発表した。彼らについていえば、そこにはキリスト教徒・仏教徒、それに東学（九五ページ参照）の後身である天道教徒《チヨンドキヨ》も含まれていただけに、かなり広範な思想流派を代表していたといえる。「独立宣言」の要旨は次のとおりである。

「われらは、ここにわが朝鮮の独立と、朝鮮人民の自由民たることを宣言する。これをもって世界万邦につげ……。旧時代の……犠牲となって、……異民族による抑圧の苦痛をなめて以来、ここに十年の歳月がすぎた。わが生存権の剝奪、思想の自由な発展に対する障碍、民族の尊栄を毀損したること、新鋭と独創とをもって世界文化の大潮流こ寄与すべき機縁を失ったことなど、およそいくばくか知れない。……威力の時代は去って道義の時代は来た。……わが固有の自由権を護全し、生旺の楽を享受すべく、わが自足の独創力を発揮して、春満てる大界に、民族の精華を結集すべきである……」。

このアピールに応えて、ソウルをはじめ全国で、デモがまき起こる。日本の資料によると、一九一九年三〜四月の二ヵ月間で、デモ参加者はおよそ五〇万に達し、その数はその後も引きつづき増えていった。しかし弾圧はきびしかった。三〜五月のあいだ、四万六九四八名が投獄、七五〇九名が死亡、そして一万五九六一名が負傷した。独立運動は海外の朝鮮人のあいだにも広まり、とりわけ満州間島の国境地帯では日本領事館が襲撃され、またハワイや、朝鮮人居住区の多かった東シベリアなどで、運動は続けられた。一九一九年以降、上海のフランス人租界に「大韓民国臨時政府」が樹立され、その後朝鮮人グループはいずれ起こりうる日本軍との戦闘を予見し、中国領土内で軍事訓練を行なった。

朝鮮独立運動はまだ非力ではあったが、この頃からしだいに世界的に知られるようになり、日本政府に再考を促した。日本はやむなく一九一九年海軍大将の斎藤実を総督に任命した。彼はソウルに着くや姜宇奎《カンウギュ》(一八五五〜一九二〇年)の投弾に遭い、あやうく一命を失うところであった。とにかく、こうして「武断政治」からいわゆる「文化政治」が敷かれることになったのである。文官らはもう制服・サーベルを着用しなくなった。一九二〇年からは、『東亜日報《トンアイルボ》』、『朝鮮日報《チョソンイルボ》』などの朝鮮語新聞・雑誌の発刊も可能になった。そして、朝鮮人も一定数は行政ポストに就くようになった。しかし、日本は植民地政策を棄てたわけではない。右のような措置は、日本指導層の頭のなかでは、何よりも朝鮮知識人の反発をしずめるねらいのものだったのだ。実際、占領者の真意をうかがわせるかずかずの実例を挙げることができる。一九二五年、京城帝国大学（一九二四年創立）予科に入学できた学生は、日本人二三三名に対し、朝鮮人はたった七一名にすぎなかった。ほかに朝鮮人の入れた高等教育機関といえば、李容翊《イヨンイク》（一八五四～一九〇七年）が一九〇五年に創立した普成《ポソン》専門学校（現在の高麗《コリョ》大学）と、米国人宣教師G・アンダーウッド（一八五九～一九一六年）が一九一五年に建てた延禧《ヨンヒ》専門学校（現在の延世《ヨンセ》大学）の二校に限られた。あとは、あまり重要でないいくつかの学校に入学が許されたくらいのものだ。それでも、一部の学生や外交官は外国へ赴くことができた。一九一三年度の日本への留学生は三六三九名、アメリカへは四九三名だった。このほかに、しばしば密出国の方法で、中国・ヨーロッパへの留学に成功した者もいる。文化政治によって、欧米の思想や文化が朝鮮に入りやすくなった。文学の分野では、まず過渡期として新小説時代（一九〇六～一九一九年）を迎える。この時期、李人稙《イインジク》（一八六二～一九一六年）、崔南善《チェナムソン》（一八九〇～一九五七年）、李光洙《イグァンス》（一八九二～一九五〇年）らが、とくに日本人作家の作品や、欧米文学の日本語訳から学んで、詩と散文において、近代的な文学のスタイルとジャンルを生みだそうとつとめた。その後、廉想渉《ヨムサンソプ》（一八九二～一九六五年）、呉相淳《オサンスン》（一八九五～一九六五年）、金東仁《キムドンイン》（一九〇〇～一九五〇年）、朴鍾和《パクチョンファ》（一九〇一年生）、金基鎮《キムギジン》（一九〇三～一九六六年）、李孝石《イヒョソク》（一九〇七～一九四〇年）らの文学者が、次つぎと現われる。これらの作家は、朝鮮におけるヨーロッパ文学の主要潮流（ロマン主義・自然主義・象徴主義）

のさきがけとなった。さらに、日本にもすでに存在していた左翼的傾向の文学も登場した。

しかし彼らはさまざまな警察の措置のせいで、いわゆる秩序紊乱的な思想を、公然と表現することはできなかった。が、これらの措置をもってしても、朝鮮人の思考方式と生活様式に大きな変化を引き起こさない程度に欧米思想を流布することは、妨げることができなかった。事実、朝鮮人社会の最高の知識層は、一九二〇年代から三〇年代にかけて、みずから絶えず西洋化をめざした。

日本の経済的政策のひとつに、朝鮮における米の漸次的増産があった。この時期の日本は、とりわけ米不足からくる経済危機に直面しており、かなりきびしい社会問題を引き起こしていた。日本当局は一九二〇年の九〇〇万石（一石は一八〇リットル）から、一九二四年に一五二〇万石、一九三三年には一六三〇万石の増産をねらった。だが、とうてい所期の数字には到達できなかった。日本が朝鮮から多量の米を運び去ってしまったので（一九一二年の五〇〇万石から、一九二四年四六〇万石、一九三三年には八七〇万石）、ただでさえ不足がちの朝鮮人消費用の米は減っていき、大多数の人びとは、草根木皮を食べて生きなければならぬありさまであった（宇垣総督の一九三四年の談話）。満州から粟を輸入したが（一九一二〜一九三〇年に一万五〇〇〇石から一七二万石にのぼっている）、これも食糧危機に対する、取るに足らぬ姑息な手段にすぎなかった。

朝鮮における米の増産は、より多くの化学肥料の使用によってのみ可能なため、日本は一九二七年、興南《フンナム》に当時としてはアジア最大の工場を建てた。同時に工業生産も、積極的におし進めた。一九三〇年に約二億五三〇〇万円といわれた工業総生産高は、一九三六年になると七億円を超えた。中国との戦争で、予想をはるかにこえる長期的抵抗にあった日本政府は、一九三一年より満州の穀物の一部を利用し、これを朝鮮の工業化をいっそう積極的に促進することに充てた。結果は注目にあたいするものだった。つまり、三年間（一九三七〜一九三九年）で、早くも、朝鮮の全生産における工業生産率が三九パーセントを占めるようになり、同期に農業の占める比率は、五二パーセントからおよそ四二パーセントに落ちこんだのである。

しかしながら、このような工業生産率の上昇は朝鮮を潤すどころか、何にもまして占領者の軍事的潜在力を利するのみだった。したがって、それは朝鮮の労働者階級の生活条件に、何ら実質的改善をもたらすものではなかった。彼らは日本の企業主によって、ただ安価な労働力と見なされていたのである。とにかく、日本人ひとり当たりの米の消費量が一九三一年一三斗（一斗は一八リットル）であったのに対し、朝鮮人のそれは、一九一二〜三六年のあいだに、七斗余から四斗に下落した。また、日本人労働者の平均日給が、一九三七年に一円八八銭だったのに対し、朝鮮人労働者の場合はその半分以下（一円に満たず）という状態だった。事態のこのような経過は、朝鮮の農民や労働者による小作争議・ストライキに発展し、その件数はきびしい法令の実施にもかかわらず、一九二五年、とくに一九三一年以降目に見えて増加した（一九三一年には二万人以上参加）。この過程で得られた幸運な結果といえば、それでも近代技術を理論・実践的に習得した朝鮮人の数がしだいに増えてきたということである。

「内鮮一体」実現の試みは、すでに破綻の運命にあった。だが、いくら戦時法が言論・集会の自由をきびしく統制し、また野蛮な警察がささいなことでよく騒ぎたてたといっても、朝鮮人が「創氏改名」

のような策動に従ったということは、実際驚くべきだろう。中国における抵抗運動が激化し、太平洋・東南アジアでの戦争（一九四一〜一九四五年）も拡大の様相を見せはじめ、その必然的結果として、日本当局は、朝鮮人に対する軍事支配と治安統制をいっそう強化してゆく。まず、日本占領軍への強制徴兵、そして一九四二年の「朝鮮語学会」（前身の朝鮮語研究会は一九二一年結成、のちにハングル学会となる）員の逮捕、一九四三年の朝鮮文化研究団体「震檀学会《チンダンハッケ》」の解散へと続く。

しかし、この頃なお、朝鮮の抵抗運動は非合法のうちにつづけられた。スローガンはしばしば海外から国内秘密組織へとひそかに伝達された。一九二五年結成された朝鮮共産党は何度も（とりわけ一九二六、一九二八年）はげしい弾圧の嵐にさらされ、一九二八年八月党員の一斉検挙を経て、ついに解散となった。民族主義団体「新幹会」は合法的に創立された（一九二七年）経緯から、比較的穏健と目されていたが、これまた三万余の会員を抱えながらも、一九三一年には解散の憂き目にあう。ソウルその他の都市で、学生たちの反日デモはきびしく弾圧され、特別法発布（一九三六年）後は、「思想犯」に対する警察の監視がより強まった。

抗日運動は国内ではだんだん低迷化し、国外において積極化する。一九三二年、東京で李奉昌《イボンチャン》（一九〇〇〜一九三二年）が天皇に手榴弾を投じる事件が起こったし、上海でも尹奉吉《ユンボンギル》（一九〇八〜一九三二年）の投弾によって、白川（義則）陸軍大将が死亡、野村（吉三郎）海軍大将と重光（葵）大使ら日本の要人が重傷を負った。朝鮮の北方国境地帯および満州吉林省では、抗日遊撃隊が作戦を展開し、さらに一九四〇年になって、大韓民国臨時政府（前出、一〇九ページ参照）軍が、日本軍占領下の中国領土解放の闘争に加わる。

朝鮮の抵抗運動は、米英中の各代表がカイロ会談（一九四三年十一月）に集まって朝鮮の独立国家建設を決定したことにより、大きく励まされた。そしてソビエト社会主義共和国連邦の参加を見たポツダム会談（一九四五年七月）は、この運動の前進をいっそう助けることになった。連合軍への日本の無条件降伏（一九四五年八月十五日）によって、朝鮮は主権国家の仲間入りを果たし、あとは、政党間のむなしい派閥闘争と、過去の遺物である地域的対立をなくすことのできる、民族的に団結した民主政府を樹立する問題だけが残った。

第七章　一九四五年以降の朝鮮

「解放された」はずの朝鮮人民は、現実には、やがて深く残酷な失望を味わうことになる。日本の降伏に先だち、ソ連軍が北緯三八度線以北で、米軍が以南で、それぞれ日本軍の武装解除の責任を負うことを取りきめた米ソ協定によって、朝鮮半島はふたつの占領地帯に分断された。日本軍の朝鮮からの撤退後、米・ソ占領軍がとどまることになり、朝鮮の世論の関心は主としてこのことに注がれることになる。

国土の分断によって、政治・経済的に、非常に重大な影響がすぐさま表われた。まず最初に表われた痛ましい結果とは、外国の後見下に、思想的に正反対のふたつの政治制度が、朝鮮半島にできてしまったということだ。今ひとつは、経済的にきわめて有害な結果だが、重工業と主要電力源の集中した北部と、基本的に農業地帯である南部とが、切りはなされたことである。こうして、北部はしだいに、食料品不足に悩まされ、一方、南部は南部で、農業生産向上のための化学肥料も、また切実に必要とする電力も、もはや得られなくなった。このように分断された両地域は、政治・経済的に、事実上おのおの後見国に依存せざるをえなくなる。

モスクワ会議（一九四五年十二月）において、米・英・ソ三国の外相は、朝鮮に五年後統一政府を樹立すること、そして、それまでのあいだ、この三カ国に中国を加えた四カ国の援助のもとに、国を再建することを決定した。この決定の実施については、事実上米・ソに任せられ、それぞれの代表が、一九四六〜一九四七年にソウルと平壌で数次にわたり会合を持った。

ところがこの討議は何ら有効な結論にも達しえず、米国は朝鮮の統一問題を国連総会に持ちこんだ(一九四七年九月)。そしてついに、アメリカ案が採択されたのである。それによると、まずはじめとして、朝鮮全土に中央政府樹立のための総選挙を行なうべきとされている。一九四八年一月十二日、オーストラリア、カナダ、中国、フランス、フィリピン、エルサルバドル、シリアの代表で構成される(ウクライナ代表は招待されたが参加を拒否)国連臨時委員会が、この選挙の適法性に対する監視の役目をすることになった。だが、選挙は南朝鮮でのみ実施された。というのは、その間、北朝鮮の行政を遂行していた北朝鮮臨時人民委員会が、北における総選挙実施を拒否したからである(一九四八年二月)。

南朝鮮の単独選挙の結果に従って、一九四八年八月十五日、反日抵抗運動者のひとり李承晩《イスンマン》(一八七五〜一九六五年)を大統領とする「大韓民国」(韓国)がソウルに打ち建てられた。が、ややあって(一九四八年九月)、金日成《キムイルソン》を首班とする朝鮮民主主義人民共和国(北朝鮮)が平壌に樹立される。

あまりにも異なった傾向を持つふたつの政治制度間に、対立は激化するばかりで、ただ武力のみが国の政治的統一を可能にすると考えられた。一九五〇年六月二十五日、軍事行動がついに起こる。北朝鮮軍は三日でソウルを占領した。奇襲作戦の成功と戦車や飛行機の優位によって、戦局は急激に有利にはたらくかと思われた。しかし、同年(一九五〇年)六月二十七日、国連安保理事会はソ連代表欠席のまま、北朝鮮を「侵略者」と非難し、国連加盟諸国にソウル政府への軍事的支援を訴え、さらに東京にある司令部のマッカーサー将軍に作戦指揮権を与えた。

北朝鮮精鋭部隊は前進に前進をかさね、忠清南道大田《テジョン》（一九五〇年七月二十五日）についで忠清北道永《ヨン》同《ドン》（七月二十六日）を取り、釜山《プサン》西方約九〇キロメートルの都市・晋州《チンジュ》（七月末）へと接近した。しかし戦局は九月十五日、がらりと変わる。米軍および国連派遣軍に支援された韓国軍は、洛東江《ナクトンガン》に沿って攻撃に移り、一方で巧妙な作戦（仁川《インチョン》上陸作戦）によって相手を後方からまさに切断しようとした。

九月二十八日、ソウルは再び韓国側に占領される。十月七日、三八度線が国連総会決議によって越えられた。平壌は十月十九日に占領され、鴨緑江《アムノクカン》に到達（十月末）後、残るは豆満江《トマンガン》までの北東部だけとなった。

しかし、中国人民義勇軍が参戦（一九五〇年十月二十五日）し、戦局はまたもやあやしくなった。戦闘の主要前線がふたたび朝鮮半島中部に押しやられた。そして、一九五一年六月二十三日、ソ連代表が国連に休戦案を出し、七月十日に開城《ケソン》で休戦会談が始まった。はげしい討議のすえ、やっと一九五三年七月二十七日、韓国・国連を一方とし、北朝鮮・中国を他方とする代表たちによって、休戦協定が板門《パンムン》店《ジョム》で調印されるに至った。これで戦争は終わったわけだが、結果的には事実上現状を画定するにとどまった。ソ連は公式的に参戦もせず、会談にも参加しなかった。こうして南北朝鮮はきびしい分断状態に置かれるままになった。実際、ほぼ三八度線にそって敷かれた境界線はたんなる境界線ではけっしてなく、それは、双方の監視の目の光る、絶対的に閉ざされた国境のようなものであった。

この戦争で韓国側の死傷者は四〇万五七七五人、北朝鮮側は八〇万二〇〇〇人である。民間の犠牲者も双方ともに多く、北に連行された者、逃亡者、貧困に陥った者などの数は数えきれない。全土における破壊・損害額は、数十億ドルといわれる。

ソウル政府は専制的な手段で韓国における事態の立て直しをはかったが、これは李承晩派のなかの一部の者たちに不満を抱かせずにはおかなかった。大統領は国を愛してはいたが、財閥の支持者らにとりかこまれていたから、晩年に近づくにつれ、世論から疎遠になり、政治的なアジテーターとしての若い頃を忘れ去ってしまったようである。一九五三〜一九五六年のあいだに総額一七億ドルにものぼったアメリカの財政援助の一部は完全に使い果たされ、経済の再建はなされぬままだった。それに、ソウルの貨幣価値はドルに比べてひどく低落した。

一九六〇年三月に大統領に再選された李承晩は、このときから人民の増大する不満と、野党のはげしい反対に出遭う。与党・自由党の勢力はいきおい弱まる。大学・高等学校の青年学生による蜂起が起こり（一九六〇年四月十九日）、ついに大統領は追放されてハワイの地で客死する（一九六五年七月）。

新たに総選挙が行なわれて（一九六〇年七月）、民主党総裁の張勉《チャンミョン》（一八九九〜一九六六年）が権力の座についた。が、うちつづく人民の不満、深まりゆく経済不振に、腐敗政治まで加わり、上級将校グループが行動を起こした。一九六一年五月十六日クーデターで権力を奪った軍事政権は、共産主義の危険に対抗して民族の和合を強化し、政界・行政機構から腐敗分子を粛清し、経済状態を改善することを目標にした（朴正熙《パクチョンヒ》『韓民族の進路』、ソウル、一九六二年参照）。一九六三年の選挙で議会の多数派と

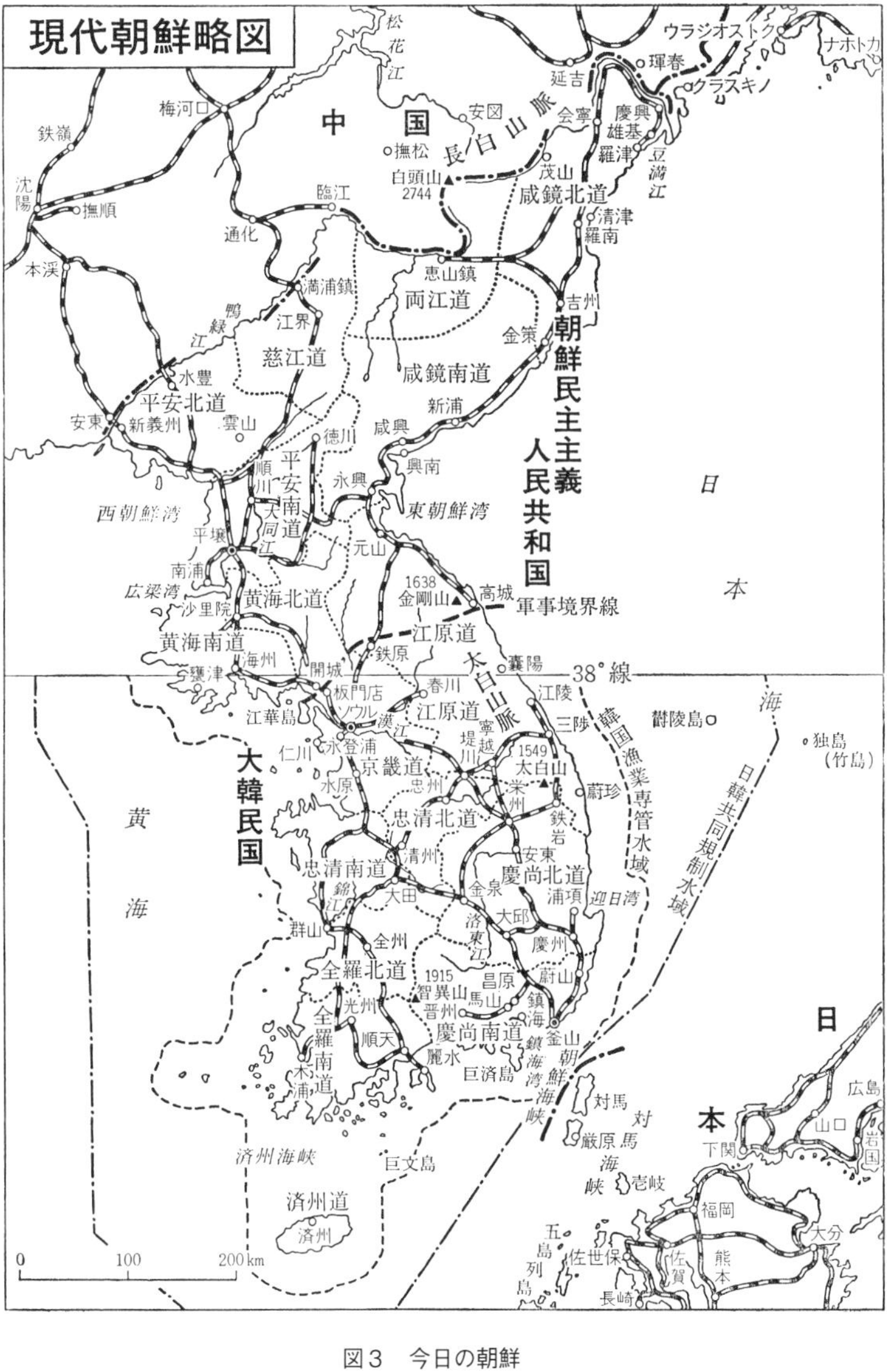
現代朝鮮略図
中国
朝鮮民主主義人民共和国
大韓民国
日本
日本海
黄海
西朝鮮湾
東朝鮮湾
広梁湾
迎日湾
朝鮮海峡
対馬海峡
済州海峡
鎮海湾
長白山脈
太白山脈
白頭山 2744
金剛山 1638
太白山 1549
智異山 1915
38°線
軍事境界線
韓国漁業専管水域
日韓共同規制水域
平安北道
慈江道
両江道
咸鏡北道
咸鏡南道
平安南道
黄海北道
黄海南道
江原道
京畿道
忠清北道
忠清南道
慶尚北道
慶尚南道
全羅北道
全羅南道
済州道
ウラジオストク
ナホトカ
クラスキノ
琿春
延吉
安図
撫松
会寧
慶興
雄基
羅津
豆満江
茂山
清津
羅南
恵山鎮
吉州
金策
新浦
咸興
興南
永興
元山
高城
平壌
南浦
沙里院
海州
甕津
開城
板門店
ソウル
江華島
仁川
永登浦
水原
春川
鉄原
襄陽
江陵
三陟
蔚珍
鬱陵島
独島
(竹島)
堤川
寧越
忠州
栄州
鉄岩
安東
清州
大田
金泉
浦項
大邱
慶州
蔚山
群山
全州
光州
順天
麗水
木浦
晋州
馬山
昌原
鎮海
釜山
巨済島
巨文島
済州
梅河口
鉄嶺
瀋陽
撫順
本渓
通化
臨江
満浦鎮
江界
鴨緑江
水豊
安東
新義州
雲山
徳川
順川
大同江
松花江
漢江
錦江
洛東江
対馬
厳原
壱岐
下関
山口
広島
岩国
福岡
大分
佐賀
熊本
佐世保
長崎
五島列島
0 100 200 km

図3　今日の朝鮮

なった新政党の共和党は、クーデター主謀者の将軍の朴正熙を韓国大統領の座につかせた。

その後、新政府はやっとのことで日本との会談にこぎつけ、両国の国交正常化のための条約を締結する（一九六五年六月二十二日）。日本は韓国に先払いとしてすでに二億ドルを貸しつけてあったが、この条約によってさらに三億ドルを与え、また日本企業の投資という形でやはり三億ドルを貸し与えた。この新しい財源はたしかに中部および南部朝鮮の経済を潤すものであり、とりわけ電力、石炭、化学肥料、セメントの増産が見込まれる。だが、韓国の世論には、商品販路を探し求める日本の企業人や輸出業者が主導権を握り、発展途上の民族産業を危険に陥れるのではないかと疑問視する向きもないではなかった。これとは反対に、韓国政府は日本との条約のなかの財政および経済条項に期待を寄せ、そこに南朝鮮の工業設備の補強手段を見出し、何とか北朝鮮に対抗しようとした。同じ頃、北朝鮮ではやはり工業発展のためのたゆまぬ努力が続けられていたのである。したがって、北朝鮮が右の条約の無効を言明したのは当然のことである。韓国としては経済条件の急速な改善によって、韓国における失業の減少と人びとの生活向上がはかられるものと踏んだわけである。

いわゆる「解放」期の初めに、韓国の学者や文学者のあいだでは、多かれ少なかれ理論上の対立論争があった。しかしまもなく、いくつかの学会が結成あるいは再結成される。たとえば、震檀学会（前出、一一三ページ参照）が著名な歴史学者、李丙燾《イビョンドウ》（一八九六年生）氏の努力で再組織され（一九四七年）、「朝鮮語学会」（前出、一一三ページ参照）は崔鉉培《チエヒョンベ》（一八九四〜一九七〇年）氏の主宰による「ハングル学会」と改称され（一九四九年）、あらたに申奭鎬《シンソクホ》（一九〇四年生）氏率いる「国史編纂委員会」も設置された（一九四九年）。これらの学会組織によって、価値ある著作が発刊された。『大辞典《テサジョン》』全六巻（一九四七～一九五七年、ハングル学会）、『朝鮮王朝実録』全四八巻（一九五五～一九五八年、国史編纂委員会）、そして『韓国史《ハングクサ》』全七巻（一九五九～一九六五年、震檀学会）がそれである。

最も危険な戦争中の時期（一九五〇～一九五三年）にも、少壮歴史学者らは韓国政府が逃げてきた釜山に集まって「歴史学会」を作り（一九五二年）、機関誌『歴史学報《ヨクサハクポ》』を通じて大きな役割を果たした。一九五四年、延世《ヨンセ》大学（前出、一一〇ページ参照）の東方学研究所が『東方学誌《トンパンハクチ》』を発刊して、歴史学的・言語学的意義のある数多くの資料を編んだ。一九五五年結成の「国語国文学会」メンバーの教授たちは年次報告『国語国文学《クゴクンムンハク》』を出した。また、高麗《コリョ》大学（前出、一一〇ページ参照）に一九五七年創設されたアジア問題研究所も、季刊誌『亜細亜研究《アセアヨング》』を通じて朝鮮・アジア文化研究前進のために貢献した。

黄順元《ファンスンウオン》氏の小説『木々《ナムドル》は坂《ピタレ》に聳《ソダ》える』（一九六〇年、芸術院賞受賞）に非常によく表われている、当時の朝鮮の支配的状況から、反伝統主義運動が生まれた。この傾向は若い小説家たちに顕著である。たとえば、『ヨハン詩集』（一九五五年）の張龍鶴《チャンヨンハク》氏や、『古家《コガ》』（一九五六年）で旧家の没落を描いた鄭漢淑《チョンハンスク》氏、『火花《プルコツ》』（一九五七年）で不幸な連命と闘う青年の存在を描いた鮮于煇《ソヌヒ》氏、そして『誤発弾《オバルダン》』（一九五九年）にみずからの反逆精神を反映させた李範宣《イボムソン》氏がいる。

二一人の若手作家の小説が、『韓国戦後問題作品集』（一九六〇年）に収められた。さらに、『コリア・ジャーナル』（ソウル）が、朝鮮の小説・詩の英訳を発表していることも、ここに記しておくべきだろう。『四月満発《サウオルマンバル》』（一九六六年）の朴斗鎮《パクトウジン》氏らの詩人には、ふたたび反伝統主義の傾向が見うけられる。

彼らとは異なって、一部の作家はなお伝統に執着する。朴鍾和《パクチョンフア》氏はその『壬辰倭乱《イムジンウエラン》』（全六巻、一九五八年）のなかで「壬辰年の日本の侵入」を改めて描いた。徐廷柱《ソジョンジュ》氏は詩集『新羅《シルラ》』（一九五九年）において新羅時代をテーマにした。

北朝鮮における文学活動は、あまり知られていない。平壌で刊行された『現代朝鮮文学選集』（全一六巻、一九五七〜一九五九年）に収められているのは、ほとんどが一九四五年以前に書かれた、反日的あるいは共産主義的な内容の作品である。

訳者補遺

1　八・一五解放と分断

日本の無条件降伏＝敗戦は、朝鮮にとってはそのまま解放であり、自由をかちとったことを意味した。昨日まで日帝の武力の下で、独立への闘志を秘めていた三〇〇〇万の朝鮮民族は、一九四五年八月十五日のこの日、堰を切ったように歓喜を満面に浮かべて街に躍り出た。もろびとは大極旗を振りかざし、雷のような万歳の雄叫びをあげ、感激の涙と歓びはさながら一つの流れとなってうねり、三千里（朝鮮半島全体）を揺り動かし、天を衝くほどであった。

日帝統治下の三六年間の積年の恨は、ほとばしるように発露したのであるが、怒涛のようなこの勢いに、昨日まで朝鮮の地の支配者であった日本人は朝鮮民族の底力を実感するとともに、彼我の力関係が逆転したことを肌で感じとった。しかしながら朝鮮人はただ感情の赴くままに行動したのではなかった。すでに呂運亨《ヨウニョン》（一八八五〜一九四七年）ら、思想的な先覚者たちは四三年末のカイロ宣言の頃から、来たるべき事態を予想し、民族の総力を結集すべく考えをめぐらしていた。そして日帝の崩壊が目に見えてきた四五年八月十日の段階で秘密組織である朝鮮建国同盟を作り、八・一五解放とともに、これを朝鮮建国準備委員会（建準）へと発展させていく。また、朝鮮総督府は当初パニックを恐れ、朝鮮人の独立運動グループに政権をゆだねるつもりだった。一九四五年八月十五日に終戦の玉音放送が流れると、総督府政務総監の遠藤柳作らはただちに行動を開始し、呂運亨ら独立運動指導者に接触し、政権移譲の交渉を開始している。この対応の素早さから、総督府がかなり早くから終戦を見越して、朝鮮の独立承認を準備していたことがうかがえる。

しかし、このときすでにソ連は満州から北朝鮮に侵攻しつつあり、事実上の朝鮮半島分断が決定づけられようとしていた。

もし日本がもっと早く無条件降伏を決定していれば、広島・長崎への原爆投下、ソ連の満州侵攻はもちろん、朝鮮半島の分断も避けられたに違いない。歴史に「もしも」はないが、その後の悲劇を考えると、かえすがえすも残念といわざるをえない。

2 「朝鮮人民共和国」

建準は、呂運亨をはじめ、安在鴻《アンジェホン》、許憲《ホホン》、崔謹愚《チェグムウ》らによって瞬く間に全国の主要都市一四五カ所に支部を設け、治安隊まで備えるに至った。こうして建準は一時に、朝鮮国内の唯一の政治勢力となり、米軍が仁川から上陸してくる二日前の九月六日には、「全国人民代表者大会」を開催するまでになっていた。そしてこの大会で建準は、「朝鮮人民共和国」の樹立と、今後の朝鮮が歩む道として民族主権を保持した民主主義国家を標榜し、それを実際に進めていくための閣僚名簿まで発表している。

「朝鮮人民共和国」は、もとより国民の選挙によって選ばれたものではないだけに、問題点もなくはないが、混乱の収拾と秩序の維持、今後の朝鮮の進むべき道を模索するうえでの過渡政権としては、全民族の英知を結集しようとする真摯な姿勢と民族的熱意、そして何よりも当時の民族的意思を体現し、それに全国的な組織を持っていた。

「朝鮮人民共和国」が発表した閣僚名簿

主席	李承晩《イスンマン》	軍事部長	金元鳳《キムウオンボン》
副主席	呂運亨	財務部長	曺晩植《チヨマンシク》
国務総理	許憲	司法部長	金炳魯《キムビヨンノ》
内務部長	金九《キムグ》	文教部長	金性洙《キムソンス》
外務部長	金奎植《キムギユシク》	逓信部長	申翼熙《シンイクキ》

（注）部長以外に、人民委員五五名、同候補委員二一名、顧問一二名が選出され、金日成（キムイルソン）や李康国（イカングク）らの共産主義者も入っていた。

こうして米軍上陸の二日前に建準は、朝鮮民族の意思を統一した受け皿として米軍と対応すべく人民共和国の屋台骨を作ったのである。呂運亨らが構想した人民共和国の進むべき道は、全民族の意思であったが、それはおおむね次のようなものである。

（1）日帝が搾取の体系として築き上げた土地制度を根本からくつがえし、農民に土地を分け与える。

(2)日本人が残したいわゆる「帰属財産」は、半世紀にわたって日本人が朝鮮民族から搾り取った膏血であるから、その恩恵を全民族に均しく分配する。
(3)日帝の手先となった反民族分子を封じ込め、彼らが新しい社会の建設に入り込むのを防ぐ。
(4)異民族支配下で拒まれてきた政治的決定に一般大衆の幅広い参加の道を開き、米ソのいずれからも従属を強いられない、真に自主的な統一民族国家を樹立する。

しかし、「民族改良」派の宋鎮禹《ソンジヌ》、金性洙らの湖南財閥＝「東亜日報」系の人びとは、自分たちの日帝時代の経歴、そしてみずからの財産擁護の立場から意識的に呂運亨らの行動に水をさした。米軍の上陸とともに、宋鎮禹らの陰に陽に立ち回ったこうした積極的ボイコットは、その後の朝鮮の動向に大きな影響を及ぼすことになる。この時期、朝鮮民族が一丸となれなかったのは不幸であった。この不幸は分断という形で今なお尾を引いている。

一方、北朝鮮では、すでに八月二十日の時点ですでにソ連軍によって日本の勢力が排除され、ソ連軍に後押しされた人民委員会によって秩序が維持されていた。その後、この人民委員会を基礎に、「北朝鮮五道行政局」から「北朝鮮臨時人民委員会」へと過渡的な行政機関を作り、社会主義体制を築いていくことになる。

3 三八度線の分断

このように、南側における日帝からの権力移譲に続く政治権力の結集は、北側に比べてスムーズではなかったが、民族の意思は一つにまとまりつつあった。

しかし、こうした朝鮮民族の意思とはうらはらに、米ソはみずからの利害と関心で朝鮮をすでに処理していた。たとえばソ連は米国の仁川上陸（九月六日）のおよそ一カ月前の、八月十日の時点で咸鏡北道の清津《チョンジン》に軍を進めており、いつでも独力で日本の勢力を排除できるポジションにいた。にもかかわらず、ソ連はいとも簡単に米国による三八度線分割案をのんだ。結局、これは米ソによる一方的な勢力圏の設定にほかならなかった。どうしてソ連は朝鮮全域で日本を武装解除したのちに、権力を朝鮮人にそのまま移譲しようとしなかったのか。それは、事実上当時すでに始まっていた米ソ冷戦のなかでのパワーポリティックスの冷酷さを見せつけるものだった。

4　国論の分裂と大韓民国・朝鮮民主主義人民共和国の成立

大国による恣意的な三八度線の線引きとその壁は日増しに厚くなり、解放翌年の一九四六年五月には民間人の三八度線通行は全面的に禁止されてしまう。しかもこうした大国の一方的な介入は三八度線の画定にとどまらなかった。米ソはその利害と関心から、朝鮮人の民族的意思とはかかわりなく、「五カ年の信託統治」や「モスクワ協定（一九四五年十二月、朝鮮人の参加を制限した米国の統一施政機構と米英中ソ四カ国委員会による統治を規定）」、さらには朝鮮問題を国連に持ち込むことにより、いたずらに朝鮮の国論を分裂させ、民族を混乱させた。

その一方で、右翼と日帝時代の「民族改良派」だけが米軍政の庇護の下で、混乱に乗じて勢力を伸ばしていく。すでに李承晩は早くから米国を頼みにし、四六年六月に全羅北道の井邑《チョンウプ》で「南朝鮮だけでも即時自立的政府を樹立しなければならない」というアドバルーンをぶち上げていた。こうしたなかで、呂運亨や金九は左右の民族的統合に身を挺し、民族の分裂だけは何としても避けようとしたが、政敵によって暗殺されてしまう（呂運亨は四七年七月、金九は四九年六月）。

一方、米ソの緊張の激化とともに、朝鮮の統一と独立はいっそう遠のいていく。この趨勢に人びとはあせり、激怒していた。そしてこれは、一九四八年二月に至り、国連が南の地だけで単独選挙を実施する旨の決議を採択したときに、最高潮に達する。それは、祖国の分断がはっきりと目に見えてきたからである。

一九四八年二月の全国ゼネストは、「国連臨時朝鮮委員会の排除」「南単独選挙粉砕」「米ソ両軍撤収」をかかげ、二〇〇万の労働者がこれに加わった。ことに「四・三済州島人民蜂起」は単独選挙反対闘争の極致というべきものであった。この闘争は、全島民のほとんどが老若男女の別なく参加したといわれ、「統一・独立」と「単独独立・分裂」の対決の天王山の観を呈した。そしてそれだけに闘いははげしいものとなり、無差別虐殺によって全島民の三分の一、およそ八万人が犠牲となったといわれる。しかし、こうした分裂反対の民族の意思を踏みにじるかのように、四八年八月には大韓民国（韓国）が樹立され、九月には朝鮮民主主義人民共和国（北朝鮮）が樹立される。

こうして南北にそれぞれ独立国家が樹立されたが、人びとの統一への願いがついえ去ったわけではない。そして絶えることのない民族の統一への意思が、朝鮮戦争の一側面を形づくることになる。

5 朝鮮戦争

朝鮮の分断の第一歩は八・一五解放のその日から始まり、朝鮮戦争の危機は一九四八年の南北分断とともに始まっていた。民族の意思を踏みにじった南北の分断に対する人びとの憤りは、分断のその日からはげしくなっていく。さらに三八度線を境に対峙する南北の小ぜりあいは、分断から朝鮮戦争へと至る二年間、日常茶飯事となっていた。そうしたなかで、「朝鮮半島火薬庫」論がジャーナリズムでいく度となく取り上げられた。したがって、一九五〇年六月二十五日の朝鮮戦争勃発を聞いても、「まさか！」と驚く者はいなかった。これは起こるべくして起こったにすぎず、「やっぱり」というのが一般の受け止め方だった。

先に「朝鮮戦争の危機は一九四八年の南北分断のその日から始まっていた」と述べたが、まさしく南北分断は戦争に道を開くものだった。その対立は、一方では労働争議や統一を求める叫びとなり、他方では三八度線を境にした南北の小規模の軍事衝突として現われた。こうした状況下で、南北は国防の名の下に軍備を増強し、それぞれ米ソと軍事的・経済的関係を深めていった。

そして、ついにソ連の軍事援助と共産中国の支持を背景に、北朝鮮の大軍が韓国に侵攻して朝鮮戦争が勃発する。北朝鮮は、またたく間にソウルをはじめ韓国の大半を占領し、韓国軍と在韓米軍は釜山など少数の都市に追いやられてしまう。以後、米国を中心とする国連軍と、北朝鮮を支援する中国軍が参戦し、戦況は二転三転した末、五一年六月には膠着状態に陥る。しかし、同年七月に始まった休戦会談はなかなか決着せず、五三年七月二十七日にようやく合意をみた。

朝鮮戦争は、近代兵器を湯水のように投入する物量戦だった。そのなかで人びとは、統一、独立を何よりもこいねがっていた。しかし、それとはうらはらに、米ソの代理戦として血で血を洗う同族相食む残忍な戦争をなめなければならなかった。一方このとき、日本は米軍の兵站基地となり、戦後復興のきっかけをつかむ。

朝鮮戦争には、米ソの代理戦争（冷戦による緊張）と内乱の延長の二つの側面があったといえよう。この戦争の名称が、朝鮮戦争のほかに「六・二五動乱」「朝鮮動乱」「韓国動乱」「祖国解放戦争」など、いくつもあることが、そのことをよくものがたっている。

朝鮮戦争は、代理戦争としては峻厳な国際政治の論理で貫かれ、大国の勢力圏拡大の野望の表われであった。一方、内乱の延長としては、統一の主導権をめぐる戦いでもあった。こうした複雑さは、この戦争をいっそう残忍なものにせずにはおかなかった。たとえば、味方であるはずの米軍は韓国の民衆を信用せず、各地で虐殺事件を引き起こした。これについて米軍の従軍記者の一人R・マーチンは次のように記している。

「やらなければならないただ一つのことは、わが軍の周囲に入ってきたり、またわが軍の補給線の近くにいる朝鮮人はだれでも撃ち殺すことだ。だが、それには実に罪のない者が多すぎる……」

そうしたなかで、老斤里《ノグンニ》虐殺事件（一九五〇年七月、忠清北道老斤里で敗走する米軍が疑心暗鬼から住民・避難民五〇〇名以上を殺害）、居昌《コチャン》良民虐殺事件（一九五一年二月、慶尚南道居昌郡で共産ゲリラ討伐を任務とする米軍部隊が住民六〇〇名以上を虐殺）のような、不条理きわまりない事件が引き起こされた。その一方で、北側も占領地で「人民裁判」などを通じて多くの人びとを虐殺した。こうした事件も朝鮮戦争の複雑な一面を表わすものであった。いずれにせよ、最も手ひどく戦火にさらされたのは、武器を持たない民衆であった。狭い朝鮮半島のなかで、おびただしい火器と火薬が投入され、それこそ前線も銃後もない有様となったから、戦災は悲惨をきわめた。これにより、朝鮮民族だけで一二六万人もの死者を出し、多くの街や村が灰燼に帰した。また農地や工場などの生産基盤はずたずたに破壊された。こうした被害は、のちのちまで禍根を残すことになる。そして、その爪痕の一つとして一〇〇〇万人といわれる南北離散家族が残されているのである。さらに、南北の懸隔と憎悪は、この戦争で決定的となり、その溝は今なお埋まっていない。

解放直後に朝鮮全土で膾炙《かいしゃ》された俗謡に「米国のやつらを信じるな／ソ連のやつらにだまされるな／日本のやつらは起き上がる／朝鮮人よ気をつけろ」というのがある。これはまさしく朝鮮民族の一致団結をうったえたものである。解放直後の民族の足並みのみだれと、国際政治の不条理が未曾有の戦争を生み、今もなおその傷痕が根深く尾を引いて人びとに不幸を及ぼしている。

6　四・一九革命と社会主義建設

統一という民族の悲願にもかかわらず、朝鮮戦争は南北の山河に火薬をまき散らし、都市を廃墟にし、屍骸の山を築き、三八度線の壁をいよいよ厚くし、憎悪を残しただけであった。そして南北はそれぞれ別の道を歩まざるをえなくなった。

一九四八年の建国以来大統領の地位にあった李承晩は、五〇年代を通じてそのポストを占めつづけたが、それを保証したのは軍と警察権力、そして治安立法の国家保安法であった。さらに李承晩は、極端な反共主義とともに、植民地支配を行なった日本への強い憎悪を抱いていた。にもかかわらず、反共主義はともかく、国内統治においては、日帝時代の残滓《ざんし》はそのままにして手をつけないどころか、むしろその勢力を手なずけ、政治的に利用するという一貫しない姿勢をとった。そして彼の庇護のもとで、今や米国の支援と援助により、日帝時代の残党はさらに勢力を広げ、消費財生産中心の「財閥」を形成するに至る。これは解放後の韓国経済を著しくいびつなものにした。

こうして李承晩は、持ち前の権力欲をむき出しにし、ライバルの排除や不正選挙による政権延長工作に明け暮れていた。これにより、国民生活の復興、安定化、南北統一の努力はおろそかになり、仲間の保守派政治家からも見放される。

こうした銃剣と治安立法に依存する政治がいつまでも続くはずはない。一九六〇年三月十五日に大統領不正選挙をきっかけに慶尚南道馬山《マサン》市で市民デモが起こった。このデモはソウルに飛び火し、四月十九日をピークにソウルでは四〇万を超える人びとがこれに加わった。そして老人から小学生までが身を挺してこれに参加した。政府はもはや警察力だけでは鎮圧できず、戒厳令を敷いて軍隊を出動させたが、軍は中立を守った。これは、のちの一九八〇年にクーデターで軍が市民を虐殺した光州《クアンジュ》事件とは大きく異なっている。やむなく李承晩は四月二十六日に退陣表明する。この政変を「四・一九革命」という。

この事件は、近代国家において丸腰にされた民衆が政権に歯向かって打倒するという、世界史的な事件であった。それはおのずから韓国の民衆に大きな自信をもたらすことになる。しかし、その犠牲も大きく、死者一八六名、負傷者一〇〇〇名以上にのぼった。

四・一九革命は、李承晩の圧政下で民主主義と自由を求める民衆の陣痛だった。この革命の勝利から一年間、韓国ではそれまでになく自由と民主主義が実現される。

一方、北朝鮮では金日成が政敵をことごとく粛清して独裁権力を掌握するとともに、大衆動員によって戦後の復旧建設を推し進めた。その課程で「集中指導事業」などと称して国民全体の粛正、洗脳を進め、恐怖政治の体制を作りあげた。その代表的な例が一九五〇年代後半に始まった「千里馬《チヨルリマ》運動」であり、これによって「重工業優先、軽工業・農業の並進」で社会主義建設を進めた。しかし、それは「主体《チユチエ》路線」の名のもとに金日成を絶対化して「金王朝」を築き、世界経済と国際的な民主主義の発展からみずからを隔離するものだった。こうして北朝鮮は、南北対峙のなかで莫大な軍事費を投じながら「自力更生」の独自路線をとった。金日成は国民に「白米と肉汁を食べさせ、瓦屋根の家に住まわせる」と豪語したが、それは最初から無理があったといわなければならない。とくに一九六五年の日韓条約締結後は、北朝鮮はそれまでにも増して国内外への姿勢を硬直化した。その一方で、経済成長の停滞が傍目にも明らかになっていく。これは、そもそもの経済規模が大きくないうえに、先進国との国交がないため、新しい技術導入や借款が困難であったこと、そして独裁者・金日成の独善的な経済指導の失敗によるところが大きい。たとえば、金日成は専門知識もないのに、農村での現地指導で、山間部に棚田を乱開発させた。これは、のちに水害の激甚化を招くことになり、北朝鮮の農業に大きな打撃を与えた。こうした北朝鮮体制のひずみと国民的負担は、こんにちの北朝鮮の窮乏にまでつながっている。その最たるものは九〇年代に破局的な状況を呈する食糧危機である。

7 朴正熙政権と日韓条約

一方、韓国では四・一九革命の自由と民主主義を求める声が、おのずと統一への意思へ向かった。その風に導かれ、韓国の学生たちは翌一九六一年五月になると、「行こう板門店《パンムンジョム》へ、来たれ板門店へ、会おう板門店で」というスローガンのもとに、「統一の前衛」として南北学生青年会議開催を目指した。こうした機運に危機感をおぼえ、一九六一年五月十六日、朴正熙《パクチョンヒ》少将らが突如軍事クーデターを起こし、政権を掌握した。

朴正熙は李承晩時代の国家保安法を上回る反共法や特殊犯罪処罰法を制定し、言論・出版、そして学生や野党の活動に対し、はげしい弾圧を加えた。その一方で、とめどない赤字財政とインフレを打開するため、建国以来の懸案である日本との国交樹立を目指す。すなわち経済援助の名目で「賠償」を引き出そうとしたのである。

日本側も久しく韓国との関係修復を考えていた。当時、日本は経済圏の拡大をめざしていたし、日韓ともに米国のドルと核の傘の下にあるのに、国交もなく反目しているのは得策ではないとの判断からだった。このため、政府間の交渉はスムーズに進んでいった。とはいえ、日本の姿勢はこのように利権主義と国際政治上の必要を重視していたため、過去の反省は少なかった。こうした姿勢が韓国民の反発を呼び、一九六四年から一年以上にわたって日韓会談反対闘争が繰り広げられた。これに比べ、日本ではこの会談に対する関心そのものが小さく、それが鮮やかな対照をみせていた。

こうして紆余曲折はあったが、一九六五年に日韓条約が締結され、日本と韓国は国交を正常化した。これによってもたらされた有償・無償五億ドルの賠償は、韓国経済にはずみを与え、大きな刺激となった。これ以後、韓国経済は日本との関係を強化していく。これにより、日本をはじめとする積極的な外資の導入を通じ、韓国は「漢江の奇跡」と呼ばれる飛躍的な高度経済成長を実現した。しかし、その一方で、金芝河らが指摘したように貧富の格差が深刻化していった。そうしたこともあり、韓国民のあいだにはきしみが生じ、民主化運動も活発化していく。

こうしたなか、一九七九年十月二十六日、朴正熙が側近の中央情報部長、金載圭《キムジエギュ》によって射殺される。それは独裁者の退場と民主化を意味するかにみえたが、ときをおかず、同年十二月の全斗煥《チョンドゥフアン》の軍事クーデターによって民主化の芽は再び摘まれてしまう。その強権的な統治は朴正熙時代と変わらなかったが、全斗煥政権下で、韓国の経済規模と国際的地位はそれまでとは桁違いに上昇する。その一方で、絶対的な権力を握った軍部と財閥が癒着し、政治とカネをめぐる不正腐敗が横行した。

8　漢江の奇跡

韓国は建国以来、長く経済的貧困に悩まされてきた。その韓国がこんにちのように先進国に準ずる地位に踏み出したのは、一九六一年の軍事クーデターで政権を握った朴正煕政権以降である。

朴政権はまず経済成長五カ年計画を立案し、効率的な経済運営を上から徹底させようとした。とくに金融面に問題を見出し、外資を積極的に導入して重化学工業を育成するとともに、輸出を奨励し外貨獲得と海外市場の開拓に努めた。また、京釜高速道路をはじめ全国の産業道路網を建設し、全国を一日生活圏に再編成した。その反面、国民の消費生活の向上は後回しにされ、貧富の差も拡大し、国民の批判を招くことになった。

しかし、全体的な成長力はめざましく、GDP（国内総生産）の年平均成長率は、六二～六六年にかけては七・八パーセント、六七～七一年には九・七パーセント、七二～七六年も八・五パーセントと順調な成長を重ねた。

また、サムスン（三星）や現代グループなど、現在の韓国の主な財閥の多くはこの時期に政府に後押しされてその足場を固めたものである。

こうした韓国の高度経済成長は、とくに七〇年代に石油ショックと世界同時不況と重なったこともあって、世界から驚きをもって迎えられ、西ドイツの「エルベの奇跡」になぞらえられて「漢江の奇跡」と呼ばれた。

9　韓国の民主化

一九八〇年代、全斗煥政権の強圧政治にもかかわらず、韓国の国民が民主化を求める声はいやがうえにも高まった。これに対し、一九八七年に全斗煥は四・一三護憲声明を発して権力延長をくわだてた。しかし、全国民がこれに反発し、各地で「六月闘争」と呼ばれる民主化闘争が燃え盛った。すると、全斗煥は側近の盧泰愚《ノテウ》を次期大統領候補として推薦し、八八年二月二十五日に権力を委譲する。しかし民主化を求める声が途絶えることはなく、全斗煥退任後、世論は光州事件と全斗煥政権への糾明、責任問題をきびしく追及した。

その一方で、盧泰愚政権は事実上全斗煥政権を継承するものではあったが、言論をある程度自由化し、南北交渉、ソ連・中国との修好などの平和外交などを進め、韓国の民主化、朝鮮半島の冷戦状況の克服などに貢献した。また、一九八八年にはソウル・オリンピックを成功させるとともに、九一年には韓国の国連加盟を実現したが、これは韓国の国際的地位の向上を象徴するものだった。

そして一九九三年、民主化運動の指導者の一人金泳三《キムヨンサム》が大統領に就任した。これは、韓国史上初の民主的な文民政権の樹立である。解放以来、独裁政権の時期が長くつづいたため、国民は彼による民主化の進展に大きな期待を寄せた。実際、金泳三文民政権は軍事政権時代の不正の清算、新たな不正を予防する金融実名制実施や情報公開法などを通じて民主化を大きく進めた。また九六年にはOECD加盟を実現した。これは、韓国の国際的地位が先進国に準ずるほどになったことを象徴していた。しかし、その一方で同時期に噴出した北朝鮮の核疑惑に対応しなければならず、これとの関連で、言論や思想の自由化は期待されたほど進まなかった。

他方、韓国経済は八八年のソウル・オリンピックに象徴されるピークを迎えたのち、安定成長の時代に入り、外資に依存しすぎたことなどによる金融問題をはじめ、さまざまな問題が噴き出してきていた。しかし、これに対しても、金泳三政権は有効な打開策を見出せなかった。一九九七年後半、東南アジアの通貨危機の余波を受けて始まった大不況（IMF危機）がこれに拍車をかけた。

こうした状況のなかで、韓国人のあいだには新しいリーダーを求める気分が高まった。そして九七年暮れの選挙で、民主化運動最大の英雄、金大中《キムデジュン》が大統領に当選した。金大中は朴政権時代から民主化運動のリーダーとして、盟友にしてライバルの金泳三と並んで、軍部の憎悪を浴びていた。一九七三年には日本滞在中に中央情報部に拉致されて殺されそうになり、一九八〇年には内乱を引き起こそうとたくらんだという罪をでっちあげられて死刑判決を受けるなど、度重なる危機をかいくぐってきた。だからこそ、国民の人気も高かったのである。同じ文民政権でも、金泳三政権は軍事政権と連立与党（民主自由党）を組んで成立したという側面があったが、金大中政権はみずからを国民の支持のみによって成り立つ政権だとし、初の「国民の政府」を看板にかかげた。しかし、国会では金泳三派の野党ハンナラ党が圧倒的多数を占める「与小野大」を余儀なくされた。このため、金大中は朴正熙政権の中央情報部長で当時同じく野党の自民連を率いる金鍾泌《キムジョンピル》の協力で政局を乗り切ろうとはかった。

金大中は就任早々、不況対策のために、財閥の企業整理などを強権的に推進した。この荒療治により、韓国経済はきわめて短期間のうちに最悪の状況を脱した。また、北朝鮮に強硬策をとった金泳三に対し、金大中政権はこれとできるだけ融和しようとする「太陽政策」をとった。しかし、口では互恵をうたいながら、事実は北朝鮮に一方的に支援や譲歩を提供するだけの太陽政策は、やがて内外からのきびしい批判を浴びることになる。

10 二十一世紀の韓国民主主義

その後、二〇〇三年には盧武鉉《ノムヒョン》が大統領に就任した。投票日直前には落選確実とされていたのが、若者層を中心とする支持者がインターネットやメールで急遽投票を呼びかけて当選を実現したという、異例の逆転劇の結果だった。

盧武鉉は対北朝鮮政策では太陽政策を継承して「南北平和繁栄政策」をうたい、国内でも「温かい社会」など民主的な改革指向を打ち出した。しかし、実際にはその理想的なスローガンを具体化させるには至らず、景気回復と対米関係重視が政策の中心となっている。

盧武鉉政権を強く印象づけたのは、二〇〇四年、韓国憲政史上初めて国会の弾劾訴追を受け、一時職務権限が停止されたことである。このとき、韓国の憲法裁判所は弾劾を否決し、盧武鉉政権はからくも政権を存続できた。しかしこの事件を通じて、盧武鉉政権は根本的な問題を露呈した。具体的には、長引く不況の一方、北朝鮮との融和にも充分な説得力を与えられず、支持基盤も不安定であるということだ。盧武鉉政権の先行きには早くから暗雲がたれこめていたのである。

その後、「温かい社会」の実現はおろか、景気回復も達成できず、、二〇〇六年五月三十一日の統一地方選では与党ウリ党が大敗し、国民が盧武鉉への失望をあらわにする結果になった。民主化はされたものの、韓国政治の今後の見通しは不透明な状況が続いている。

こうした二十一世紀の韓国政治は前世紀とは格段に異なる特徴を示している。それは「デジタルデモクラシー」であり、それを象徴するのは「ネティズン」である。ネティズンとは（インター）ネットとシティズン（市民）を合わせた造語で、インターネット世代の若い熱しやすく冷めやすい有権者を指す。

現在、韓国はブロードバンドの普及が人口比で世界一のネット大国となっており、これが韓国のネティズンの基礎となっている。ネティズンの政治参加は、盧武鉉の支持者に顕著に見られる。二〇〇〇年四月の総選挙頃からノサモ（盧武鉉を思慕する会）と呼ばれるインターネットで結ばれた支持の輪が急速に拡大し、これが二〇〇二年三月の大統領予備選では盧武鉉に勝利をもたらす。

しかしネティズンの政治意識や投票行動はうつろいやすいという特徴もある。大統領選挙を目前にした二〇〇二年六月、韓国ではワールドカップ日韓共催の興奮とともに、ネティズンの選挙への関心は薄れていく。これとともに盧武鉉の支持率は三五パーセントまで低下した。しかし同年十一月、米軍装甲車による女子中学生死亡事件を機に、反米気分が高まると、ネティズンの関心は再び反米イメージの濃い盧武鉉の支持に傾く。とくに投票日、盧候補の苦戦を知ったノサモなどの支持者グループがインターネットや携帯メールを使って投票への参加を訴え、これが盧候補を勝利に導いた。これは、ネティズン独特の政治行動と強い影響力を世界的に印象づけた。

しかし、こうした動きにはっきりと見られるように、ネティズンの政治行動は、理性的な根拠や論理よりも、そのときどきの気分や流行によってゆれ動くのだ。それによって大統領選の結果すら決まってしまうところに、現代韓国社会の価値観のゆらぎが反映しているともいえる。

11　日韓新時代へ

一九六五年の日韓基本条約の締結以後、日本と韓国の関係は、北朝鮮という共通の敵を前にして、日本が金を出し、韓国が軍事を担当するという様相を呈した。しかし植民地時代の感情的なしこりも残り、表向きの体裁はよくても、ギクシャクした関係が続いた。それは、日本の植民地支配を正当化する政治家の発言と、これに対する韓国側の反発の繰り返しによく表われている。

一九八〇年に成立した全斗煥政権と、これに対応する日本の中曽根政権は「日韓新時代」を唱え、独立主権国家同士の対等な関係の構築をうたった。しかし、スローガンだけが先行し、見るべき成果をあげることはできなかった。

しかし、盧泰愚政権になると、日本と韓国は平和友好の精神と相互理解を前提に、民間レベルを中心とした日常的交流に具体的に取り組む「新時代」に進みはじめた。その大きなきっかけになったのは、一九八八年のソウル・オリンピックである。韓国が国家の総力を結集したこのイベントは、韓国に興味のなかった多数の日本人に、現代韓国の真の姿を知らせることになった。それまで韓国は、一般の日本人からは「貧しい国」「軍人が支配する暗い国」「日本の悪口ばかり言っている国」とみなされがちだった。しかし、このオリンピックで先進国に見劣りしない経済力を持ち、世界に開かれた民主国家として認められるようになったのである。また、これを機に、料理や伝統芸能など、文化面の積極的な紹介も進んだ。この流れはこんにちの「韓流」ブームまで続いている。

また盧泰愚政権以降、韓国の民主化が大きく進展したことも、韓国を一般の日本人になじみやすいものにし、両国の民間レベルの交流を促進した。さらに金大中政権になると、それまで日本の文化侵略を促進するとして禁止されていた日本の大衆文化輸入が解禁される。その一方で、二〇〇〇年には日本人の海外渡航先として韓国がトップに躍り出た。近年は、教科書や靖国神社、領土問題などで日韓関係は再びギクシャクしたものになっている。しかし、そうしたなかでも経済をはじめとする民間レベルの交流はやむことなく活発化し、「政冷経熱」の様相を呈している。

こうした新時代の日韓関係のありようを強く印象づけているのは、映画、TVドラマ、音楽など韓国大衆文化の流行、すなわち「韓流」である。この韓流ブームに火をつけたのは何といってもNHKで放映されたドラマ「冬のソナタ」と主演俳優ペ・ヨンジュン（裵勇俊）である。とくにペ・ヨンジュンの人気は異常なまでに高まり、同年十一月に来日した際には成田空港に芸能人の出迎えとして史上最多の三五〇〇人が殺到した。その経済効果も大きく、ペ・ヨンジュン人気（「ヨン様ブーム」）から得られた利益は日本側では二〇〇〇億円、韓国側では一〇〇〇億円と推計されている（韓国の現代経済研究院による）。近現代の日韓関係において、このような規模の韓国ブームは空前のことであり、朝鮮通信使以来の日韓の文化交流が沸騰しているともいわれる。

ただし、その上滑りなお祭騒ぎの裏で、基本的な問題としての歴史や民族文化への認識が忘れ去られていると、批判的にみる意見も少なくない。しかし、日本と韓国は互いに米国、中国と並ぶ最大級の貿易相手国である。すなわち、日韓両国の結びつきが今や分かちがたいものになっているのも事実なのである。韓流はこうした日韓の民間レベルの交流の定着を象徴するものといえる。ブームそのものは鎮静化しつつあるが、韓国への興味、関心自体は日本社会にほぼ定着したようである。

12　北朝鮮の孤立

建国後、北朝鮮の金日成は徹底した粛清と政治宣伝、思想統制を通じ、独裁体制を築き上げた。そして、みずからの後継者を息子の金正日《キムジョンイル》と定めた。金日成は手始めに七〇年代の「三大革命小組運動」と「全社会の主体思想化」を通じ、金正日を実質的なナンバーツーの地位に押し出した。これにより、金正日は八〇年の労働党第六回大会で序列第五位に急浮上し、事実上の後継者として公認された。さらに一九九一年、金正日は人民軍総司令官に、さらに九三年には国防委員長に就任した。そして九四年七月の金日成死後、金正日は三年の「喪」を経て、九七年に労働党総書記に就任する。こうして、金正日は金日成の後継者として名実ともに表舞台に登場した。

金正日は、九八年に憲法を改正し、国家主席制を廃止して金日成を「永遠の主席」と定めた。そして国防委員長を「国家の最高職責」とし、改めてその地位に就いてみずからの独裁体制を確立した。

他方、この間に北朝鮮は冷戦終結にともなって国際的な孤立化が進んだ。ソ連は九一年に崩壊し、中国も九二年には韓国と国交を結び、北朝鮮の磐石な後ろ盾ではなくなった。またこの間、慢性的な経済難と食糧危機に苛《さいな》まれた。九〇年代なかばに最悪となった食糧危機では、多数の餓死者まで出たと伝えられるほどである。これらは閉鎖的な経済体制、非合理な官僚主義と中央集権型の農政、度重なる大衆動員とそれによる疲弊がもたらした結果だった。このため、北朝鮮から逃亡する「脱北者」が急増した。

これらは北朝鮮の国民のみならず、国家体制そのものを揺るがしかねない。こうした問題を一気に解決すべく、北朝鮮は対外的には核兵器や弾道ミサイル開発の推進を梃子に、西側の援助を引き出そうとした。また、国内的には軍優先の政治、すなわち「先軍体制」の構築を叫び、金正日を頂点とする国家・社会秩序の再編成をはかる。

こうした政策は金日成の生前から、北朝鮮の核兵器製造につながる独自の核開発推進と、これを認めない米国など西側諸国との対立を招き、九三年の北朝鮮の核拡散防止条約脱退表明、米国の北朝鮮爆撃計画など一触即発の危機をもたらした（第一次核危機）。まさに北朝鮮が得意とする「瀬戸際外交」である。そして九四年七月の金日成死去以後、この傾向はさらに拍車がかかった。すなわち、九八年の「テポドン」ミサイル発射、同年の憲法改正による金正日体制強化はこのような流れを表わしている。

こうして北朝鮮は当座の体制の安定を整えると、対外的には一時協調路線をとるようになり、次第に西側との接触をはかる。しかし、それは表向きだけのものだった。こうした点で、一九九五年三月の朝鮮半島エネルギー開発機構（ＫＥＤＯ）の発足は象徴的な事件だった。これにより、北朝鮮は第一次核危機を終息させるために、西側による軽水炉、重油の提供と引き換えに独自の核開発の凍結を約束した。しかし、北朝鮮はこの約束を裏切って秘密裏に核開発を続け、二〇〇二年以降、第二次核危機を招く。北朝鮮の背信によって存在意義を失ったＫＥＤＯは二〇〇五年に解散を余儀なくされ、第二次核危機は解決されることなくこんにちに至っている。その後も、北朝鮮の不誠実な行動は繰り返され、西側諸国は不信を強めるばかりだ。

また、ＫＥＤＯ発足の三年後の九八年に発足した韓国の金大中政権の太陽政策により、二〇〇〇年六月には史上初の南北首脳会談が実現した。さらに北朝鮮は中国の改革開放政策にも関心を示し、みずからの開放の可能性をアピールした。しかしこれらも結局ポーズにとどまり、北朝鮮の実のある改革開放につながることはなかった。

13　深まる米朝対立と日朝関係

九〇年代後半のクリントン政権時代、米国は太陽政策を原則的に支持し、北朝鮮との和解を進めようとした。そして政権末期には北朝鮮ナンバースリーの趙明禄《チョミョンノク》を招き、さらにオルブライト国務長官を訪朝させ、核・ミサイル問題に決着をつけようとした。それは、当時クリントン大統領の訪朝さえ取り沙汰されることで、きわめて現実味を帯びているようにみえた。しかし、二〇〇一年に成立したブッシュ政権は「テロ支援国家」北朝鮮への不信感を露わにし、これまでの米朝関係の蓄積をご破算にして仕切り直した。

他方、韓国でも太陽政策は野党ハンナラ党や、国内的な経済政策優先を望む少なからぬ国民の批判にさらされている。

北朝鮮については、その核・ミサイル開発、テロ（拉致を含む）、麻薬や偽札などの国家犯罪、国内の人権問題がますます国際社会に公になり、批判にさらされるようになっている。しかし米国は表面的には強硬姿勢をとっているものの、体制転覆よりは、急激な体制崩壊を防ぐ軟着陸による解決を優先させている。そして日本も基本的にはこうした米国の姿勢に追随する姿勢をとっている。それを端的に表わしているのが、二〇〇三年以降の日米韓中ロと北朝鮮による六者協議（六カ国協議）である。

こうしたなか、かつて朝鮮戦争で北朝鮮とともに戦った中国は、最大の輸出相手国である米国の意向を意識し、北朝鮮に対する支援をより目立たないものにするとともに、水面下で北朝鮮に譲歩を促す方向にある。そのことは、六者協議が滞るたびに中国のロビー活動（根回し）が活発になったり、北朝鮮にたびたび要人を派遣して金正日と直接会談させていることからうかがえる。

その一方で、二〇〇五年には国連総会で北朝鮮の人権状況に対する非難決議が採択されるなど、北朝鮮の民主化を促す国際環境が形成されつつある。六者協議は、核問題のみならず、その中心的な呼びかけの場としても期待されている。しかし、体制維持を最重視する北朝鮮は六者協議の主題を核問題にしぼるよう要求している。

六者協議は二〇〇四年九月の第四回協議で初の共同声明にこぎつけた。しかし、北朝鮮は偽札問題で米国が行なった金融制裁に反発し、以後の六者協議をボイコットした。そしてさらに強硬姿勢を強め、〇六年七月五日には七発の弾道ミサイルを発射し（うち一発は長距離ミサイル・テポドン二号といわれる）、さらに十月九日には核実験を行なったと発表して世界を震撼させた。これは、その軍事力の誇示により、米国との直接交渉、体制維持をはかろうとするものといえよう。

これを受け、それまで強硬だった米国は妥協に転じ、翌二〇〇七年二月の六者協議再開以降、北朝鮮への経済支援と引き換えに核廃棄を求めるという意向を示し、六月には封鎖していたマカオのバンコ・デルタ・アジア銀行の北朝鮮資金に対する封鎖を一部解除するに至る。これは北朝鮮側の核実験を受けたもので、米国は、北朝鮮がこれによってみずからの体制維持をはかっていることを承知のうえで、この封鎖解除に踏み切ったのである。ここに、あくまで地域の「平和と秩序」の維持を重視して朝鮮半島の「軟着陸」をめざすアメリカの姿勢が現われている。

また北朝鮮は、日本との関係では、長らく公式の国交がない状態が続いていたが、一九九〇年の自民・社会両党議員団の訪朝を機に、急速に国交正常化の機運が盛り上がり、翌年一月には第一回日朝国交正常化交渉が開始された。しかし、日本の植民地支配の賠償と北朝鮮の日本人拉致問題をめぐって翌年には交渉が決裂し、以後、交渉再開と中断をいく度も繰り返した。当初、北朝鮮は日本人拉致を認めなかった。しかし、二〇〇二年九月十七日の第一回日朝首脳会談で金正日が北朝鮮による拉致を認めた。これにより、日本国民の北朝鮮への感情は決定的に悪化した。しかも、その後の北朝鮮の対応は、拉致被害者について前後矛盾する情報を伝えるなど、不誠実きわまりないものであった。

日本政府は、拉致問題の解決なくして日朝国交正常化はありえないとしているが、北朝鮮の現政権にはそれを期待できないという見解が、専門家のあいだでは有力である。

14　今後の朝鮮半島の行方

北朝鮮は六者協議の合意を受け、二〇〇七年六月二十三日、寧辺《ヨンビョン》の核施設稼動停止・封印など核廃棄の第一段階の作業に着手すると発表した。十一月に訪朝した米視察団は、この作業が順調に進んでいることを確認した。しかし第二段階の口火を切る「すべての核計画の申告」は期待された年内には履行されなかった。北朝鮮には実はその意思がないのではないかとも懸念され、米国は核廃棄がなされなければ六者協議で合意された援助や、北朝鮮が要望するテロ国家指定解除は行なわないとして北朝鮮を牽制している。一方、北朝鮮側では、〇八年一月三十日、金正日が中国共産党対外連絡部長の王家瑞との会談で「六者協議履行の姿勢に変化はない」と発言しているが、北朝鮮にはこれまでいく度も国際社会への背信の前歴があり、予断を許さない。

他方、韓国では〇七年十二月十九日の大統領選挙で、ハンナラ党の李明博《イミョンバク》が与党系の大統合民主新党の鄭東泳《チョンドンヨン》に五二一万票の大差で勝利し、保守派が政権を取り戻した。李明博の得票率は四八・七パーセントにとどまり、過半数は獲得できなかった。しかし、これに同じ保守派候補の李会昌《イフエチャン》の得票率一五・一パーセントをくわえると六三・八パーセントとなり、過半数を超える。韓国民は何よりも与野党の政権交代を望んだのである。

その理由は何よりも盧武鉉政権の失政にある。盧武鉉政権はその親北政策によって北朝鮮に無償援助二〇億ドルをはじめとする莫大な援助や投資を投入する一方、国内経済をなおざりにし、財政を逼迫させた。国民生活の格差拡大や失業問題の悪化などにも無策であった。また自立支援につながらない福祉政策はいたずらに財源を食いつぶし、先行きの見通しを欠いた首都分割事業は江南《カンナム》（漢江南の一帯で、一九七五年以後開発されたソウルの新興地）一帯の不動産価格を暴騰させ、格差拡大に拍車をかけた。こうしたことから、与党側は当初から劣勢であった。盧武鉉は〇七年十月二～四日訪朝し、第二回南北首脳会談を行なったが、与党の選挙戦の挽回にはつながらなかった。

こうした失政に対し、李明博は北朝鮮に一方的に与えるばかりの太陽政策の見直しを表明し、食料や肥料、医薬品など北朝鮮への人道支援では、北朝鮮にとらわれている韓国軍捕虜や拉北者（韓国から北朝鮮へ拉致された人びと）の送還など人道主義的条件を求める「相互人道主義原則」と主張している。また南北外交を独占して太陽政策を実施してきた統一部（省）を外交通商部（外務省）に統合するなど、中央省庁改編を通じて「小さな政府」をめざしている。さらに現在の慢性不況を逆転させ、年間七パーセントの経済成長、一人あたり国民所得四万ドル、七大経済大国入りをめざす「七四七公約」を掲げている。また盧武鉉政権時代に冷却した日韓・米韓関係の修復にも意欲的である。

韓国民は懲罰的に現与党から政権を剥奪した。そして経済再生を最優先の課題と見定め、現代建設の元CEO（最高経営責任者）の経歴を持つ李明博に大きな期待を寄せている。今回の選挙結果はその表れといえよう。それは、分断状況のなか、これまで道徳的正義をうたう左派の理念に幻想を抱きがちだった韓国民がより成熟した証でもあった。

いまだ冷戦状況が深刻な朝鮮半島で、現実的な政策で閉塞状況を打開し、南北統一と朝鮮半島の新時代への展望を開くことができるか、韓国の新政権の手腕が問われている。

訳者あとがき

本書は、Li Ogg（李玉）, *Histoire de la Corée*（Coll.« Que sais-je? » n°1310, P. U. F., Paris, 1969）の全訳である。訳書の題名を『朝鮮史』としたが、これを『韓国史』としたところで、本書の中身が変わるわけでもなく、そうするにとりたてて異論はない。がしかし、韓国とすればややもすると朝鮮半島の南半分、つまり三八度線の南だけを指しかねないので、韓国を避けて朝鮮を採った。

とはいえ、韓国と朝鮮という呼称については容易に説明できないさまざまな政治的イデオロギー性が付着しているのも現実である。崔南善の『朝鮮常識問答――地理篇』によれば、朝鮮半島の領域を示す異称を一八〇も挙げているが、そこにはもとより朝鮮も韓国もあり、あるいは日本の異称でもある「扶桑」というのもあり、また「日出之邦」や「日邦」があるのもおもしろい。朝鮮の異称としてよく知られている槿域や青丘、あるいは海東のほかにも多くのものがある。本来自由気ままに使われていたこれらの異称に、さまざまな意味性が付与されたのは、人間の政治的作為によるものであろう。政治的作為はイデオロギーを蔓延させて、南北の対立を高め、民族の心のなかに三八度線を引くにまで至っている。悲しいことである。

しばしばいわれているように、朝鮮史の特徴はおびただしいほどの外敵による侵略と、それに対する民族を挙げての闘争にあるといわれている。外敵の侵入は二〇〇〇年のあいだ、金達寿によれば三〇〇〇回にも及ぶというし、司馬遼太郎によれば五〇〇回にもなるという。両者の開きは数える基準によるものであろう。ちょっとした倭寇による沿岸荒らしをどのように扱うか、といったことも問題になるのかも知れない。しかし、五〇〇回にしろ、三〇〇〇回にしろ、二〇〇〇年間の外敵の侵略は尋常な数ではない。

この原因をどこに求めるのか——。朝鮮半島は広大なアジア大陸の東側に位置しているが、それはさながら女性の片方の乳房のごとく、大陸ではぐくまれた豊かな文化と英知が自然にたまる豊穣の地であったがゆえに、周辺諸民族——諸国から恰好の餌食の対象にされてきたのではないだろうか。それが五〇〇回にも及び、三〇〇〇回にもなったのであろう。

しかし、度重なる外敵による侵略を打ち砕いて一個の民族として文化を形成し、連綿たる民族史を築いてきたのも、これまた朝鮮史の類まれな特徴である。本書はこの意味で、近現代の部分を著しく欠いているが、それだけに朝鮮の中世社会の民族文化の発酵を小著ながらも豊かに叙述しているといえる。

朝鮮は今分裂の状態にある。それは日本による植民地統治の期間を越え、半世紀に及んでしまうのではないか、という政治的社会的雰囲気が常態化している感すらある。この閉塞された時点において、民族の歩んできた原点に立ち帰って逆に現在を見直すことも必要ではないだろうか。必ずや一個の新しい見方を提供してくれるはずである。また読者が日本人の場合でも、従前の暗くて弱い朝鮮のイメージを塗りかえ、活き活きとした朝鮮民族の律動に目を開かされるに違いない。

ここで、原著者である李玉文学博士の簡単な紹介をしておきたい。
一九二八年　ソウル生まれ。現在パリ在住。
一九五四〜五六年　ソウル・延世大学講師。
一九五六〜六九年　パリ大学文学部（ソルボンヌ）講師。
一九七〇年　パリ第七大学助教授を経て、教授（パリ第七大学軌鮮研究科主任、コレージュ・ド・フランス朝鮮研究所所長などを歴任）。韓国へ帰国後、京畿大学教授などを勤めたのち、二〇〇五年に死去。
朝鮮古代史・文化史に関する論文多数。ヨーロッパにおける朝鮮学研究の動向をリードし、また研究紹介を精力的に行なった。
翻訳にあたっていくつかのわからない点もあったが、私としては楽しい作業であったし、教えられた点も少なくなかった。原著の近現代史の極端に少ない部分を補うべく、「補遺」および「年表」を、編集部の勧めによりつけたした。末尾になってしまったが、ゲラ刷を丹念に読んでくださった今は亡き梶村秀樹先生、ならびに翻訳の仕上がりを気長に待ってくださった編集部の皆さんに記して感謝する次第です。

二〇〇八年二月

金容権

年表

西暦	朝鮮
四～五〇万年前	平壌里隅旧石器文化遺跡
一〇万年前	咸鏡北道雄基屈浦里旧石器文化遺跡
四万年前	済州ピルレモク洞窟旧石器文化遺跡
三万年前	忠清南道公州石荘里旧石器文化遺跡
	咸鏡北道雄基屈浦里旧石器文化遺跡
一万年前	今日の朝鮮半島の海陸分布の原形ほぼ完成
前三～二〇〇〇	新石器文化＝櫛目文土器文化の展開
前二三三三	伝説上、檀君が朝鮮を開いたとされる年（檀君元年）
前一一二二	伝説上、箕子が朝鮮に入った年
前一一〇〇頃	周の武王代の『尚書伝』高句麗・扶余・韓・貊に関する早い記録の一つ
前七～六〇〇頃	無文土器・農耕文化、青銅器文化
前七～四〇〇	遼東の崗上墓・楼城墓
前四～二〇〇頃	鉄器文化の導入と発展
前五～三〇〇頃	古朝鮮成立
前三二〇頃	燕、箕子の子孫・朝鮮侯と名のる（『魏略』）

西暦	中国・日本・世界
一〇〇万年前	前期旧石器文化の発祥・展開（道具・言語等の使用）
五〇万年前	北京原人活躍
二〇万年前	中期旧石器文化の発祥・展開（死者の埋葬、宗教の萌芽）
前七〇〇〇頃	新石器文化（磨製石器、農耕・牧畜）
前四〇〇〇頃	オリエントに青銅器文化（階級・都市）
前四～三〇〇〇頃	エジプト・メソポタミア・インダス文明
前三〇〇〇頃	エジプト統一国家。各地に青銅器文化発展
前一六〇〇	中国で殷王朝成立
前一〇五〇	中国で周王朝成立
前七七〇	中国春秋時代に入る
前四五三	中国戦国時代に入る
前三三四	アレクサンドロス大王の東方侵略

前三〇〇頃	朝鮮各地で出土する明刀銭（燕の銅貨）、この時代に作られる
前二二二	この年の銘文入りの秦戈、平壌にて出土
前一九五	衛満、遼東古朝鮮（箕子朝鮮）に亡命、古朝鮮王朝簒奪
前一九三	衛満、王倹城（平壌）に新王朝の衛氏朝鮮樹立。箕子朝鮮の準王、韓の地に亡命、韓王と称す（馬韓）
前一九二	馬韓王準元年（『東史綱目』）
前一〇九	漢の朝鮮侵入始まる
前一〇八	衛氏朝鮮滅亡し、いわゆる漢四郡が設置という
前六九	伝説上、慶州で朴赫居世誕生
前五九	伝説上、天帝解慕漱が北扶余を樹立
前五七	伝説上、慶州の六村長が朴赫居世を王に推戴
前三七	伝説上、東扶余の朱蒙、高句麗を樹立
前一八	伝説上、百済の始祖・温祚即位
三二	高句麗、後漢に遣使派遣（高句麗最初の中国通交）
四二	伝説上、首露（金氏）を王に推戴し、金官加羅建国
六五	斯露、国号を鶏林に改める
二〇九	高句麗、国都を通溝国内城から通溝丸都城に移す
二八〇	辰韓、晋に遣使派遣（鶏林＝新羅の初の中国通交）
三〇〇	鶏林、倭と接触
三〇七	鶏林、国号を新羅と改める
三一三	高句麗、遼東（?）の楽浪郡を滅ぼす
三七二	百済、東晋に遣使（百済名による初の中国通交）。高句麗に仏教伝来

前三〇〇頃	日本弥生式文化時代
前二六六	ローマ、イタリア半島を統一
前二二一	秦の昭襄王、東周を滅ぼす
前二〇二	劉邦（漢の高祖）、中国統一、帝位に就く
前一四一	漢の武帝即位
前一三六	漢、儒教を国教に採用
前九七	司馬遷、『史記』完成
前七三	ローマ、スパルタクスの反乱
前五八	カエサル、ガリア遠征
前二七	ローマ、帝政に移行
三七	後漢、中国平定
六四	ローマの皇帝ネロ、キリスト教迫害
一四四	インド、クシャン王朝のカニシカ王即位
二二〇	魏・蜀・呉三国時代
二三九	倭の女王・卑弥呼、魏に遣使
二八五	晋の陳寿、『三国志』著わす
三一三	ローマ、キリスト教公認、迫害終わる
三七五	ゲルマン民族の大移動開始
三九五	ローマ帝国、東西に分裂

三七三	高句麗、律令制開始
三七七	新羅、前秦に遣使（新羅、初の中国通交）
三八四	百済、東晋より仏教導入
四〇五	百済の王仁、倭に漢文文化を伝える（『日本書紀』の記述より一二〇年下る）
四一三	高句麗、広開土王没
四一四	高句麗、広開土王碑建立
四二七	高句麗、平壌遷都
四五二	新羅、仏教導入
四八七	新羅、全国に郵駅設置、官道を修理
四九〇	新羅、初めて国都に市場を設ける
五〇一	百済、武寧王即位（～五二三）
五〇五	新羅、州・郡・県制を整備
五二〇	新羅、律令制公布、百官公服制定
五三二	新羅、金官加羅国を統合
五三六	新羅、元号制定、建元とする
五六六	新羅、皇竜寺建立
五七六	新羅、源花制度開始（花郎を制度化）
五九八	高句麗、隋の侵略軍（三〇万）を撃退
六一二	高句麗の乙支文徳、薩水（清川江）で三〇万五〇〇〇の隋軍を殲滅
六三四	新羅、慶州に芬皇寺建立
六四二	高句麗の淵蓋蘇文、実権掌握
六四六	高句麗、千里長城完成（六三一～）
六六〇	新羅・唐連合軍、百済軍を殲滅

四三九	北魏、華北を統一
四六〇	この頃、北魏、雲崗石窟を開掘
四七八	倭王武、宋に上奏し、高句麗遠征を求める
四八六	フランク王国成立
五二七	日本、筑紫国造磐井の乱
五三三	東ローマ、『ローマ法大全』編纂
五三八	百済、日本に仏教伝える
五九二	隋、均田制実施
五九三	聖徳太子摂政
六〇七	法隆寺建立、高句麗人曇徴壁画描く
六一〇	マホメット、イスラム教の布教開始
六一八	隋滅び、唐興る
六二四	唐、律令を定め均田制・租庸調の制度実施
六四五	日本、大化の改新
六四六	玄奘、『大唐西域記』著す
六五〇	イスラム経典『コーラン』完成

六六三	百済滅亡
六六八	新羅・唐連合軍、高句麗を滅ぼす
六七六	新羅、朝鮮半島から唐の勢力を一掃、三国統一完成
六九八	渤海成立
七二二	新羅、丁田制を施行
七五一	新羅、仏国寺・石窟庵の創建開始
七七〇	新羅、奉徳寺の銅鐸（エミレの鐘）鋳造
八〇二	新羅、伽耶山に海印寺建立
八〇四	新羅、日本と国交回復
八七四	新羅人・崔致遠、唐にて登科
八八〇	新羅慶州全盛期、「城中無一草屋」
八八九	新羅、各地で農民反乱
八九二	甄萱、後百済を建国
九一八	王建、高麗建国、都は開城
九二六	渤海滅亡、遺民高麗へ
九五八	高麗、科挙制度実施
九七六	高麗、職・散官各品の田柴科制定
九八三	高麗、州府郡県制確立
九九三	契丹、高麗に侵入
一〇一八	美邯賛、契丹軍を大破
一〇七六	高麗、田柴科を改め、禄俸を制定
一一四五	金富軾、『三国史記』編纂
一一七〇	鄭仲夫・李義方らの反乱（武臣政権へ）
一一七四	高麗、各地で農民蜂起激化

六六一	サラセン帝国成立
六六三	白村江の戦いで日本・百済軍敗北
六七〇	倭、日本に改称（『三国史記』）
七〇一	日本、大宝律令
七二〇	『日本書紀』成る
七五五	唐、安禄山の乱
七五六	サラセン帝国、東西に分裂
八〇〇	フランク王国のシャルルマーニュ、西ローマ皇帝となる
八五七	日本、藤原時代（〜一一六〇）
八九四	日本、遣唐使廃止
九〇七	中国で唐滅亡、五代に入る
九三九	平将門の乱
九六二	オットー一世、神聖ローマ皇帝となる（神聖ローマ帝国開始）
九七九	宋、中国を統一
一〇一六	紫式部没
一〇三七	セルジュク・トルコ建国
一〇八三	白河上皇、院政開始
一一九二	源頼朝、鎌倉幕府開く

一一八〇	高麗の武臣たち、私兵を置くようになる
一一九六	崔忠献、政権奪取（崔氏政権）（〜一二五八）
一一九八	私奴万積ら、公私奴婢を集めて反乱
一二二三	倭寇、金州に侵入（倭寇についての初めての記録）
一二三一	モンゴルの侵略、崔氏政権江華島に遷都
一二三四	『詳定古今礼文』五〇巻、世界最古の金属活字により刊行
一二三五	モンゴルの侵略激化
一二五〇	高麗青磁、全盛期
一二五一	高麗大蔵経復元
一二五九	崔氏政権、モンゴルに降服
一二七〇	裵仲孫ら、三別抄軍率いてモンゴルに抗戦（〜七三）
一二八五	一然、『三国遺事』著わす
一二八九	朱子学が導入される
一三〇一	元、耽羅（済州島）摠管府を廃止
一三五〇	この頃から約四〇年間、倭寇、沿海の州郡を略奪
一三五六	高麗、元の勢力を排除
一三五九	紅巾賊、平壌に侵入（〜六二）
一三六三	文益漸、元から木棉の種子を持ち帰る
一三七二	李成桂を倭寇撃退の任に就かせる

一二〇〇	朱子学の祖、朱熹没
一二〇四	第四次十字軍、コンスタンチノープルを陥落
一二〇六	ジンギス汗、モンゴルを統一
一二二七	ジンギス汗没（於、甘粛陣中）
一二三六	モンゴル、東欧遠征
一二六〇	モンゴル、フビライ即位
一二七一	モンゴル、国号を改める
一二七四	元、高麗を基地にして日本侵攻（文永の役）
一二八一	元、第二回の日本侵攻（弘安の役）
一二八二	日蓮没
一二九四	元、世祖（フビライ）没、日本侵攻計画中止
一三〇二	仏、三部会（身分制議会）を初めて召集
一三一三	ダンテ、『神曲』地獄篇完成
一三二四	マルコ・ポーロ没（一二五四〜）
一三三三	鎌倉幕府滅亡
一三三八	足利尊氏、室町幕府開く
一三六八	朱元璋、明を樹立

一三七四	親元派と親明派の争い始まる
一三八〇	倭寇五百隻余、鎮浦に侵入
一三八八	李成桂、威化島で「回軍」
一三八九	李成桂ら、対馬の倭寇根拠地を撃滅、三〇〇隻を焼く
一三九一	科田法を制定
一三九二	鄭夢周暗殺、高麗滅亡、李成桂朝鮮王朝開く
一四〇三	鋳字所を設置
一四一八	世宗（李朝四代）即位
一四二〇	集賢殿設置
一四三八	金時習の『金鰲新話』刊行
一四四三	日本と癸亥条約結ぶ。訓民正音二八字制定
一四五一	金宗瑞ら、『高麗史』編纂
一四五三	李澄玉、鐘城にて反乱
一四五六	成三問・朴彭年ら、上王（端宗）復位を図るも成らず、処刑さる（死六臣）
一四六六	科田法を廃し、職田法実施
一四六七	李施愛ら、咸鏡北道吉州で反乱
一四七四	『経国大典』・『続録』発布
一四八九	戊午士禍
一五一〇	釜山の三浦で、倭人（対馬藩士）の乱
一五一九	己卯士禍
一五二七	崔世珍、『訓蒙字会』著わす

一三七四	この頃、ルネサンス開始
一三九八	明太祖（朱元璋）没
一四〇四	日本、明と勘合貿易
一四〇五	明の鄭和、東南アジア・中東・アフリカ遠征
一四一四	コンスタンツ宗教会議（〜一八）
一四三一	仏、ジャンヌ・ダルク、ルーアンにて刑死
一四五三	東ローマ帝国滅亡。英仏百年戦争終結（一三三九〜）
一四五五	英、バラ戦争起こる（〜一四八五）
一四七九	イスパニア王国成立
一四九二	コロンブス、北米大陸発見
一四九八	ヴァスコ・ダ・ガマ、インド航路発見
一五一〇	ポルトガル、インドのゴアを占領
一五一九	マゼラン世界一周に出帆（〜一五二二）
	ダヴィンチ没（一四五二〜）
一五二四	独、トマス・ミュンツァーら農民戦争
一五二六	印、ムガール帝国成立

一五三七	日本使臣、通信使を請うも不許
一五四五	乙巳士禍
一五五五	乙卯倭変（倭寇、全羅道にて略奪行為）
一五五九	林巨正の乱、六二年に林巨正処刑
一五六八	李滉（退渓）、『聖学十図』著わす
一五七〇	李滉、礼安にて没（一五〇一〜）
一五七四	この頃より、東人対西人の党争始まる
一五七五	李珥（栗谷）、『聖学輯要』著わす
一五八九	鄭汝立、造反するも自決
一五九〇	東人が南人と北人に分裂し分党
一五九二	壬辰倭乱（秀吉の第一次朝鮮侵略＝文禄の役）
一五九七	丁酉倭乱（秀吉の第二次朝鮮侵略＝慶長の役）（〜九八）
一五九八	李舜臣、南海露梁にて日本水軍大破するも、戦死（一五四五〜）
一六〇七	許筠、『洪吉童伝』著わす
一六〇八	大同法実施（京畿道に限って）
一六〇九	己酉約条（対日国交回復）
一六一八	許筠処刑
一六二四	李适の反乱
一六二七	丁卯胡乱（後金の侵略）
一六三三	常平通宝鋳銭（一六七八年以降、普及）

一五二七	マキアヴェリ没（一四六九〜）
一五二九	王陽明没（一四七二〜）
一五三四	イグナティウス・ロヨラ、イエズス会（ヤン会）結成
一五四一	カルヴィン、ジュネーブにて宗教改革
一五四九	ザビエル、日本に来て布教
一五八二	マテオ・リッチ、広東に来る
一五八八	ヌルハチ、満州統一
	英、スペインの無敵艦隊撃破
一五九〇	豊臣秀吉、天下統一
一五九八	仏、ナントの勅令、ユグノー戦争終了
一六〇〇	英、東インド会社設立
一六〇三	徳川幕府成立
一六一六	ヌルハチ、満州に後金建国
	シェイクスピア没（一五六四〜）
一六一八	独、三十年戦争開始
一六二八	英議会、権利請願

一六三六	丙子胡乱（清の再度の侵入）
一六四〇	昭顕世子、中国からの帰国時キリスト像持ち帰る
一六五三	オランダ人、ハメル一行済州島和順港に漂着
一六八九	尊明小中華論者の宋時烈、済州島に遠流、のちに全羅南道井邑にて賜薬にて没。金万里、『九雲夢』著わす
一七一二	李朝・清、白頭山定界碑を設ける
一七一七	黄海道監司（知事）、荒唐船（外国船）の頻繁な出没報告
一七一九	日本に通信使（回復後九次）を派遣
一七二六	朋党・奢侈・崇飲の三条の戒書を頒布
一七二八	戊申の乱
一七四二	英祖、蕩平碑建立（党争をなくすために、一七二五年に蕩平策が下された）
一七五〇	均役法実施
一七五八	海西・関東（黄海・江原道）地方に天主教広がる
一七七〇	英祖命撰の『東国文献備考』成る
一七八五	李承薰ら、ソウルで天主教朝鮮教会設立。西学禁止
一七八七	仏艦隊、ペルーズ一行済州島測量

一六三六	後金、国号を清に改める
一六三七	島原の乱
一六四三	英、ピューリタン革命 仏、ルイ十四世即位（〜一七一五）
一六六一	康熙帝即位
一六六六	ニュートン、万有引力の法則発見
一六八八	英、名誉革命
一六八九	清・露、ネルチンスク条約結ぶ
一六九九	清、英に広東貿易許可
一七〇一	スペイン継承戦争（〜一七一三）
一七一六	『康熙字典』完成
一七五七	プラッシーの戦い（インドでの英の優勢決定）
一七六五	ワット蒸気機関改良、英、この頃産業革命始まる
一七七〇	英、オーストラリア領有
一七七六	米、独立宣言
一七七八	ルソー没（一七一二〜）
一七八九	フランス革命

一七九一	辛亥教難（尹持忠・権尚然ら殉教）
一七九八	朴斉家、『北学議』著わす
一八〇一	辛酉教難（李家煥・権哲身・李承薫ら殉教）
一八〇五	金氏（本貫安東）勢道政治開始。朴趾源没（一七三七～）
一八一一	洪景来、平北嘉山にて反乱（～一八一二）
一八一五	乙亥教難
一八一六	英艦エルセスト号・リラ号、群山来港。以後、西洋海図に朝鮮半島西海岸の地形明らかに記される
一八三一	ローマ法王庁、天主教朝鮮教区を承認
一八三六	丁若鏞没（一七六二～）
一八三九	已亥邪獄（仏人神父ら殉教）
一八四五	金大建、上海にて最初の神父となり国内潜入
一八四六	仏、セシール少将ら、已亥邪獄の仏人神父殺害を抗議威嚇
一八五五	英・仏艦、各地の沿岸にて測量
一八五八	木版『天主教理書』発刊
一八五九	日本、対西洋開国を通告
一八六〇	崔済愚、東学を唱道
一八六一	金正浩『大東輿地図』刊行
一八六二	晋州民乱、忠清・全羅に波及
一八六三	興宣大院君李昰応の執権開始
一八六四	東学教祖崔済愚、大邱にて処刑
一八六六	丙寅教難。米艦「シャーマン号事件」。仏艦隊による丙寅洋擾

一七九三	清、白蓮教徒の反乱（～一八〇一）
一七九六	ナポレオン戦争（～一八一五）
一七九八	本居宣長、『古事記伝』著わす
一八〇四	ムガール帝国、英の保護国 「ナポレオン法典」完成
一八一四	スチーブンソン蒸気機関車運転・走行。 ウィーン会議
一八一五	清、アヘンの輸入厳禁
一八二三	米、モンロー宣言
一八三三	大塩平八郎の乱
一八三七	英、チャーチスト運動（～一八四八）
一八四〇	アヘン戦争（～一八四二）
一八四八	仏、二月革命。マルクス、『共産党宣言』発表
一八五〇	太平天国の乱（～一八六四）
一八五三	ペリー提督、浦賀に来航
一八五四	日米和親条約
一八五七	インド、セポイの反乱（～一八五九）
一八六一	米、南北戦争。露、農奴解放
一八六二	清、同治中興（～一八七四）、洋務運動開始
一八六四	ロンドンにて第一次インターナショナル結成
一八六八	明治維新

一八七一	大院君、賜額書院四七のみ残し全国の書院撤廃
一八七三	大院君失脚、閔妃一族の勢道政治
一八七四	ダレ著『朝鮮教会史』パリにて刊行
一八七五	雲揚号事件
一八七六	江華島条約（日朝修好条規）調印。日本に釜山開港
一八七九	日本に元山開港
一八八一	嶺南儒生万人疏、衛正斥邪を強調。「紳士遊覧団」一行、日本へ新文物制度を視察
一八八二	壬午軍乱。清、大院君拉致。朴泳孝、太極旗考案
一八八四	金玉均・朴泳孝ら甲申政変、失敗に帰す
一八八五	米人アンダーウッド入国。培材学堂設立
一八八六	奴婢の世襲制廃止（一代に限る）
一八八九	防穀令（米穀の対日輪出禁止）
一八九四	甲午東学農民戦争
一八九五	全琫準処刑。乙未事変（日本浪人・軍人の閔妃殺害）。兪吉濬『西遊見聞』刊行
一八九六	初期義兵蜂起。俄館播遷（国王ロシア公館に移る）。独立協会設立
一八九七	国号を大韓帝国と改める

一八七〇	普仏戦争。伊、統一
一八七一	日清修好条約。独、統一。パリ・コミューン
一八七三	いわゆる「征韓論」起こる
一八七四	日本、台湾出兵
一八七七	露・土戦争（〜一八七八）
一八八一	日本の自由民権運動盛んになる
一八八二	三国同盟（独・墺・伊）（〜一九一五） ダーウィン没
一八八三	フェビアン協会成立。マルクス没
一八八四	清仏戦争
一八八五	福沢諭吉「脱亜論」唱える。インド国民会議派結成
一八八九	大日本帝国憲法発布
一八九一	露仏同盟結ぶ
一八九四	日清戦争
一八九五	日清、下関条約。三国干渉
一八九七	康有為ら「変法自強」運動（〜一八九八）

一八九八	独立協会、強制解散
一九〇二	ソウル・仁川間電話業務。日本の第一銀行券通用される
一九〇四	日韓議定書、第一次日韓協約強要（朝鮮を軍事占領）
一九〇五	乙巳保護条約（第二次日韓協約）により日本に外交権奪取され保護国化。義兵闘争・国権回復運動高揚
一九〇六	初代統監伊藤博文就任（〜一九〇九）。日本警察権掌握
一九〇七	ハーグ密使事件。日本、内政権も奪取（第三次日韓協約）
一九〇八	崔南善『少年』誌創刊。東洋拓殖会社設立
一九〇九	安重根、伊藤博文をハルビン駅で射殺
一九一〇	土地調査事業開始。日韓合邦条約強要。会社令公布。一〇五人事件捏造（尹致昊・梁起鐸・李昇薫らキリスト教系民族主義者を弾圧）
一九一一	釜関連絡船就航
一九一三	安昌浩らロサンジェルスで興士団組織
一九一八	呂運亨ら、上海にて新韓青年党組織。李東輝ら、ハバロフスクで韓人共産党組織（後の上海派）
一九一九	三・一運動。上海に大韓民国臨時政府発足。金元鳳ら義烈団組織。斎藤実「文化政治」を標榜
一九二〇	洪範図、金佐鎮らの独立軍日帝軍を激破。産米増殖計画（〜三四）
一九二一	ソウル青年会組織、共産主義思想・運動の浸透。朝鮮物

一八九八	清、戊戌政変 米西戦争
一八九九	義和団の乱（北清事変）
一九〇二	日英同盟
一九〇四	日露戦争
一九〇五	桂・タフト協定。ロシア「血の日曜日」
一九〇六	日本、満鉄設立
一九〇七	英・露・仏三国協商
一九〇九	青年トルコ党、革命
一九一〇	大逆事件で幸徳秋水ら処刑。フォード自動車大量生産開始
一九一一	辛亥革命、臨時大統領に孫文（〜一九一二）
一九一四	第一次世界大戦（〜一八）
一九一五	日本、中国に二一カ条の要求
一九一七	ロシア革命
一九一八	ウィルソン民族自決宣言。シベリア出兵
一九一九	五・四運動。ベルサイユ講和会議
一九二〇	国際連盟結成
一九二一	ワシントン会議。中国共産党成立。コミ

	産奨励運動開始
一九二二	信濃川発電所工事現場で朝鮮人労働者虐殺
一九二三	関東大震災時、日本官民朝鮮人を大量虐殺
一九二四	朝鮮労働総同盟結成
一九二五	朝鮮共産党成立
一九二六	六・一〇万歳事件
一九二七	新幹会・槿友会組織
一九二八	李東寧・李始栄・金九ら上海で韓国独立党組織。コミンテルン「朝鮮問題テーゼ」採択。朝鮮共産党解消
一九二九	元山ゼネスト。光州学生運動（～三〇）。全国各地に同盟休校・デモ波及
一九三〇	問島共産党五・三〇蜂起（四〇名処刑）。端川農民蜂起
一九三一	新幹会等強制解散。万宝山事件。ブ・ナロード農民運動展開（～三四）
一九三二	「二重橋事件」（李奉昌）。「上海虹口公園事件」（尹奉吉）。総督府、農村振興運動開始
一九三三	総督府、道議会設置。ハングル綴字法統一案発表
一九三四	朝鮮農地令。平壌崇実専門学校、神社参拝拒否運動
一九三六	金日成、祖国光復会組織。「皇民化」政策強化される。孫基禎、ベルリン・オリンピックでマラソン優勝。『東亜日報』日章旗抹消事件。朝鮮思想犯保護観察令公布。文世栄、『朝鮮語辞典』刊行

	ンテルン「植民地革命運動テーゼ」採択
一九二二	モスクワで東方諸民族大会。日本共産党成立
一九二四	第一次国共合作。レーニン没（一八七〇～）
一九二五	スターリン執権（～五三）
一九二六	蒋介石、北伐開始（～二八）
一九二八	国民党北伐完了、蒋介石国民政府主席。ムッソリーニ、独裁体制確立。ソ連、第一次五カ年計画開始。コミンテルン「植民地テーゼ」採択
一九二九	世界恐慌始まる
一九三〇	端金ソビエト成立。台湾霧社事件
一九三一	満州事変勃発
一九三二	五・一事件。上海事変。「満州国」成立。リットン調査団レポート
一九三三	日本、国際連盟脱退。ヒトラー政権成立。米、ニューディール政策実施
一九三四	蒋介石、端金ソビエト陥落。長征開始（～三五）
一九三五	中国共産党、延安に定着
一九三六	西安事件。二・二六事件。スペイン内乱

一九三七	普天堡戦闘。「皇国臣民の誓詞」制定。韓国光復戦線（金九）と朝鮮民族戦線（金元鳳）統一戦線
一九三八	朝鮮陸軍特別志願兵制度実施。金元鳳ら朝鮮義勇隊組織
一九三九	強制連行開始。朝鮮人に国民徴用令施行規則公布
一九四〇	創氏改名強制実施。朝鮮日報・東亜日報廃刊。金九、臨時政府主席に就任
一九四一	思想犯予防拘禁令公布。「生産報国」運動強行
一九四二	朝鮮語学会事件
一九四三	徴兵制を朝鮮人にも実施。カイロ宣言、戦後の朝鮮独立を確認
一九四四	朝鮮人学徒入営。国家総動員法朝鮮にも全面実施。呂運亨ら密かに朝鮮建国同盟組織
一九四五	八・一五解放。八・二四ソ運、平壌に司令部設置。九・二米ソ三八度線分割。九・六呂運亨ら朝鮮人民共和国の創立宣言。一〇・八（北）五道人民委員会組織。一〇・一三平壌で金日成歓迎大会。一〇・一六李承晩帰国。一二・二七モスクワ三国外相会議信託統治案発表→信託統治反対運動。在日本朝鮮人連盟結成
一九四六	二・八北朝鮮臨時人民委員会成立。三・五（北）土地改革実施。三・二〇〜五・六米ソ共同委員会。五・二三民間の三八度線越境禁止。八・一〇（北）重要産業国営化発表。九・六（南）労働党地下運動。一〇・一大邱暴動。居留民団結成 米、朝鮮問題を国連に上呈。呂運亨暗殺
一九四七	四・三済州島人民蜂起。四・二〇南北連席会議。五・

一九三七	日中戦争（〜四五）。日・独・伊防共協定
一九三九	独ソ不可侵条約。第二次世界大戦（〜四五）
一九四〇	汪兆銘、親日政権樹立。日・独・伊三国軍事同盟
一九四一	真珠湾奇襲、太平洋戦争勃発。独ソ開戦
一九四三	ガダルカナルの戦い。カイロ宣言
一九四五	ヤルタ会談、ポツダム会談。広島・長崎に原爆投下。日本、ポツダム宣言受諾。無条件降服。国際連合成立
一九四六	ロンドンにて第一回国連総会。チャーチル「鉄のカーテン」演説、米ソの対立表面化。
一九四七	トルーマン・ドクトリン発表。コミン

一九四八	一〇（南）単独選挙。八・一五大韓民国成立。九・九朝鮮民主主義共和国成立
一九四九	六・二六金九暗殺
一九五〇	一・二六韓米防衛経済援助協定。六・二五朝鮮戦争勃発。九・一六米軍仁川上陸
一九五一	七・一〇開城にて停戦本会談開始。一〇・二〇日韓会談予備会議
一九五三	七・二七板門店で休戦協定。八・八韓米相互防衛条約
一九五四	（南）「四捨五入改憲」
一九五五	（北）朴憲永処刑
一九五六	（北）朝鮮労働党第三回大会、延安派追放、第一次五ヵ年計画。（南）選挙に官憲介入、問題化
一九五七	国連軍総司令部、東京からソウルへ移動
一九五八	（南）与党議員だけで国家保安法・改憲通過（二四波動）
一九五九	進歩党党首・曺奉岩死刑。在日朝鮮人北へ帰国開始
一九六〇	四・一九人民蜂起→李承晩下野、ハワイ亡命 アイゼンハワー訪韓。尹潽善大統領選出。金日成、連邦制提唱
一九六一	五・一六軍事クーデター。反共法制定。（北）七ヵ年計画開始
一九六二	朴正熙権力掌握。金・大平メモ。（南）五ヵ年計画開始
一九六三	朴正熙大統領就任（第三共和国）
一九六四	（南）対日屈辱外交反対デモ、ソウル戒厳令

一九四八	フォルム結成（〜五六）。マーシャル・プラン実施。国連世界権宜言採択。吉田内閣成立（〜五四）。中国共産党北京入城
一九四九	NATO結成。中華人民共和国成立
一九五〇	トルーマン水爆製造命令。中ソ友好同盟
一九五一	マッカーサー解任。サンフランシスコ対日講和条約。日米安保条約
一九五三	スターリン没。ソ連水爆保有声明 ジュネーブ会議
一九五五	バンドン会議。ワルシャワ条約機構
一九五六	ポーランドでポズタニ事件。ハンガリー事件
一九五七	人工衛星（スプートニク）
一九五九	フルシチョフ訪米。キューバ革命
一九六〇	日米新安全保障条約→安保闘争 中ソの「一枚岩」亀裂表面化
一九六二	アルジェリア独立。キューバ危機
一九六三	ケネディ暗殺
一九六四	フルシチョフ辞任

一九六五	日韓条約調印。(南)ベトナム派兵
一九六六	ASPAC開催。(北)自主路線強化
一九六八	武装ゲリラ、ソウルに侵入。(北)プエブロ号事件。(南)郷土予備軍設置。統一革命党事件
一九六九	(南)改憲強行、大統領三選許容。(北)主体思想強調
一九七〇	(南)馬山輸出自由地域設定。(南)セマウル運動。釜山・下関連絡船就航。金芝河「五賊」を『思想界』に発表、同誌廃刊へ。(北)周恩来訪朝、朝中共同声明
一九七二	七・四南北共同声明。南北赤十字会談。(南)改憲し、維新体制へ、北も改憲。金日成「高麗連邦共和国」提唱
一九七三	金大中拉致事件
一九七四	大統領緊急措置。民青学連事件。文世光事件。東亜日報弾圧・白紙広告→記者たちの抗争
一九七五	(南)緊急措置七号等で、一切の政府批判弾圧。社会安全制定。「南北クロス承認」案浮上
一九七六	尹潽善、金大中ら民主救国宣言発表。板門店事件
一九七七	カーター「在韓米軍撤退」公約。(北)「去配主義」反対提唱
一九七八	(南)南北経協提案、南・北接触提案、北拒否(以後、この種の南からの提案北相手にせず)。金大中、刑執行停止釈放

一九六五	ベトナム北爆開始。インドネシア九・三〇クーデター
一九六六	文化大革命
一九六九	ニクソン、大統領に就任。中ソ国境紛争。日米(佐藤・ニクソン)共同声明
一九七〇	ニクソン・ドクトリン発表、ドル体制の崩壊
一九七一	中国、国連加盟
一九七二	ニクソン訪中。日中国交回復
一九七三	チリでクーデター、アジェンデ大統領死亡。石油ショック各国に波及
一九七四	ウォーターゲート事件により、ニクソン辞任。田中角栄辞任
一九七五	サイゴン陥落。サミット以後毎年開催
一九七六	第一回ASEAN首脳会議。エチオピア・ソマリア戦争。周恩来・毛沢東没
一九七七	米ソ外相仁議、SALTII打開で合意
一九七八	日中和平友好条約。米中国交正常化

一九七九	韓米共同声明。朴正熙射殺。（南）一二・一二粛軍クーデター、全斗煥台頭
一九八〇	「ソウルの春」状況化、金大中ブーム。光州民主運動、金大中拘束。全斗煥体制確立。（北）労働党第六回大会、「高麗民主連邦共和国」提唱、金正日公認
一九八一	（南）戒厳令解除。金大中無期懲役。全斗煥訪米。対日六〇億ドル援助要請。八八年ソウル・オリンピック開催決定
一九八二	（南）米文化センター放火事件。夜間外出禁止令解除。「巨額手形詐欺事件」。南北朝鮮、日本教科書偏向批判。（北）最高人民会議第七期第一回会議。（南）プロ野球スタート
一九八三	中曽根訪韓、四〇億ドル供与。金大中釈放、渡米。（南）史上最大の米韓合同演習（チーム・スピリット）。（北）演習中、「準戦時体制」板門店・軍事休戦委員会四二〇回に及ぶ。金正日訪中。「大韓航空機撃墜事件」
一九八六	（北）金日成、後継者問題解決を言明。（南）建国大学籠城事件
一九八七	（南）民正党代表議員盧泰愚、「六・二九宣言」発表。大韓航空機爆破事件。（南）第一三代大統領選挙。盧泰愚当選
一九八八	（北）中央放送でソウルオリンピック不参加を公式表明。（南）盧泰愚、第十三代大統領に就任。（南）ソウル・オリンピック開催
一九八九	（北）平壌放送、韓国の現代財閥会長・鄭周永の訪朝を

一九七九	パーレビ国王、イラン脱出。アフガニスタンでクーデター、ソ連侵攻
一九八〇	中ソ友好同盟相互援助条約失効。ポーランド、グダニスクでスト。イラン・イラク戦争
一九八一	レーガン、大統領に就任。鄧小平体制確立。エジプト、サダト射殺
一九八二	「反核運動」澎湃。フォークランド紛争。中国・朝鮮・アジア各国、日本の教科書記述を批判。ブレジネフ没
一九八三	中曽根訪米。中国新憲法。米ソ新型ＩＣＢＭ（ＭＸ）競争・新軍拡
一九八六	チェルノブイリ原発事故。日本、衆参両院同日選挙で自民党圧勝。日本、バブル景気開始
一九八七	米ソ、中距離核戦力（ＩＭＦ）条約調印
一九八八	台湾、李登輝総統就任。イラン・イラク戦争停戦。米大統領選でブッシュ（父）当選
一九八九	中ソ和解。天安門事件。中国、江沢民総

	報道。韓国の全国大学生代表者協議会代表・林秀卿訪朝。(南)盧泰愚、国会で「韓民族共同体統一方案」を発表		書記就任。ベルリンの壁崩壊。東欧革命。マルタ会談、冷戦終結宣言
一九九〇	(南)民主正義党、統一民主党、新民主共和党の三党合党し、民主自由党（民自党）結成。韓ソ共同声明により、ソ連との国交正常化	一九九〇	イラク軍、クウェート侵攻。ドイツ統一
一九九一	(北)平壌で日朝国交正常化第一回本会議。南北、国連同時加盟。(北)金正日、人民軍最高司令官に就任	一九九一	湾岸戦争。日本、PKO協力法成立。ソ連崩壊。日本、バブル崩壊
一九九二	韓中国交樹立。(南)第十四代大統領選挙。金泳三当選。(南)ベトナムと国交樹立	一九九二	欧州連合（EU）条約調印。ユーゴ内戦。天皇訪中。米、クリントン大統領当選
一九九三	(南)金泳三、第十四代大統領に就任。IAEA（国際原子力機関）、一カ月の回答期限付きで対北朝鮮核特別査察決議案を採択。(北)準戦時体制を宣布。NPT（核拡散防止条約）脱退を宣言。最高人民会議第九期第五回会議で、金正日を国防委員長に選出。国連安保理、北に対してIAEA査察要求決議。韓国国防部、北のミサイル・ノドン一号の発射実験を確認と発表	一九九三	江沢民、中国国家主席就任。エリツィンロシア大統領、最高会議を武力制圧
一九九四	(北)金日成・カーター会談。南北首脳会談開催と北の核開発凍結で合意。金泳三、カーター元米大統領との会談で南北首脳会談開催受諾。金日成死去	一九九四	米、対ベトナム武力制裁解除を発表。NATO、ユーゴ空爆。ロシア、チェチェン侵攻
一九九五	(南)盧泰愚前大統領、収賄容疑で逮捕。全斗煥元大統領、反乱首謀容疑で逮捕。KEDO（朝鮮半島エネルギー開発機構）と北朝鮮が、ニューヨークで軽水炉供給協定に合意、調印。米国、核開発の代替措置として北朝鮮に重油供給開始。(北)水害を契機に食糧危機深刻化	一九九五	日本、阪神大震災。地下鉄サリン事件
一九九六	(南)旧朝鮮総督府解体・撤去。全斗煥と盧泰愚にそれ	一九九六	中台危機。中ロ首脳会談。国連、包括的

年	朝鮮半島	世界
	ぞれ死刑、懲役二二年六カ月の判決（九七年に特別赦免）。韓国江陵沖に北朝鮮潜水艦侵入・座礁。武装した乗員、上陸・逃走し、銃撃戦で二四名死亡、一名逮捕）。韓国、OECD加盟	核実験禁止条約（CTBT）可決
一九九七	（北）金正日、労働党総書記に就任。（南）ウォン暴落で経済危機深刻化。韓国政府、IMFに緊急支援要請。第十五代大統領選挙。金大中当選	香港、イギリスから中国に返還。アジア通貨危機。日米新ガイドライン合意
一九九八	（南）金大中、第十五代大統領選挙に就任。北朝鮮を吸収統一しないなど、対北三原則提示（太陽政策）。（北）テポドン発射事件。最高人民会議第十期第一回会議で憲法改正、国家主席制廃止。国防委員長を最高位とし、金正日を再任。金正日体制確立。（南）中楽均文化観光相、日本大衆文化の段階的解禁方針発表	インド、パキスタン、相次いで核実験。クリントン米大統領訪中。江沢民中国国家主席訪日。ユーゴ、コソボ紛争激化
一九九九	黄海上の南北境界線付近で、南北の警備艦艇が銃撃戦。韓国軍、自衛隊と史上初の共同訓練（海難救助訓練）。北朝鮮、ミサイル発射自制などで米国と合意（ベルリン合意）	欧州連合の単一通貨ユーロ、仏独などで導入。NATO、ユーゴ空爆。ユーゴ紛争、事実上終結。日本、周辺事態法成立。マカオ、ポルトガルから中国に返還
二〇〇〇	南北首脳会談。南北離散家族相互訪問。シドニー・オリンピックで南北同時入場。（北）オルブライト米国務長官訪朝（米閣僚として初）	台湾、陳水扁総統就任。中ロ、米国の国家ミサイル防衛に反対の共同声明。米大統領選でブッシュ（子）当選
二〇〇一	（北）朝ロ軍事協力協定調印。（南）韓昇洙外相、小泉純一郎首相の靖国神社参拝に遺憾表明。（北）江沢民中国国家主席、訪朝。韓国、IMF融資完済	米国、同時多発テロ事件。米英、アフガン武力攻撃開始。海上自衛隊、米のアフガン攻撃支援のため、護衛艦など派遣。日中首脳会談
二〇〇二	ブッシュ米大統領、年頭教書で北朝鮮、イラク、イラン	東ティモール独立

	を「悪の枢軸」と非難。日韓サッカーワールドカップ開催、韓国四位。黄海上の南北境界線付近で、南北の警備艦艇が銃撃戦。（北）経済管理改善措置（七・一経済措置。食糧全面配給制停止）。小泉純一郎首相、訪朝（日本の首相として初）。第一回日朝首脳会談（金正日、日本人拉致を認める）。日朝平壌宣言。日本政府、北朝鮮に拉致被害者調査団派遣。ケリー米国務次官補、訪朝し、帰国後、北朝鮮が核開発の存在を認めたと公表。米国、北朝鮮への重油供給停止。北、核施設稼動・建設再開表明。（南）第十六代大統領選挙。盧武鉉当選	
二〇〇三	（北）NPT脱退とIAEA査察協定からの離脱を宣言。（南）盧武鉉、第十六代大統領就任。（北）米朝中協議で、すでに核保有と言明。米朝中日韓ロの六者協議開始。（南）大邱ユニバーシアード開催。開かれたウリ党（ウリ党）発足	胡錦涛、中国国家主席に就任。イラク戦争。日本、有事法制関連法案成立。日本、安全保障会議で米国からミサイル防衛システム導入決定。リビア、大量破壊兵器廃棄声明
二〇〇四	（南）日本の大衆文化全面解放。韓国国会、大統領弾劾案可決。大統領職務停止。憲法裁判所、弾劾案棄却。大統領職務復帰。（北）第二回日朝首脳会談（平壌）。日本で韓流（ヨン様）ブーム。この年の南北所得格差、韓国は北朝鮮の一五・五倍	陸上自衛隊、イラク派遣。イラクで日本人殺害事件相次ぐ。中国原潜、日本領海を侵犯
二〇〇五	（南）サムスン電子、純利益約一一兆ウォンで、IT関連企業で世界一位。（北）米国、北朝鮮に金融制裁発動	中国各地で反日デモ。イスラエル軍、パレスチナ自治区ガザからの撤退完了。米南部にハリケーン上陸で史上空前の被害
二〇〇六	（北）弾道ミサイル七発発射。（南）日韓首脳会談。潘基文外交通商相、国連事務総長就任。（北）核実験。六者	イスラエル、テロ組織ヒズボラに対抗してレバノン空爆。日中首脳会談

二〇〇七	協議再開 （北）米国、対北金融制裁、事実上解除。大水害で被害激甚。
二〇〇八	第十七代大統領選挙。李明博当選。 二・二五李明博政権発足。日本、米国との関係改善標榜、日本とのシャトル外交の定例化、「太陽政策」の見直し、実用主義を提唱など、改新的な政策を打ち出す。

参考文献
（ヨーロッパの言語で書かれた重要な著作に限る）

書誌

Courant (M.), *Bibliographie coréenne*, 3 vol., Paris, 1894-1896 ; supplément à la Bibliographie…, Paris,1910.

Hazard, Hoyot, Kim et Smith, *Korean Studies Guide*, Los Angeles, 1954.

Université de Ko-ryŏ, *Bibliography of Korean Studies*, Séoul, 1961.

朝鮮の通史

Eckardt (A.), *Korea,Geschichte und Kultur*, Baden-Baden, 1960.

Griffis (W.E.), *Corea, the Hermit Nation*, New York, 1882.

Hak-wŏn sa, *Korea, its land, people and culture of all ages*, Séoul, 1960.

Hulbert (H.B.), *The History of Korea*, 2 vol., nouv. éd. par Weems (C.N.), London, 1963.

Osgood (C.), *The Koreans and their culture*, New York, 1951

Reischauer et Fairbank, *East Asia*, The Great Tradition, Boston, 1962.

Reischauer, Fairbank et Craig, *East Asia*, *The Modern Transformation*, London, 1965.

古代

Courant (M.), La Corée jusqu'au IXe siècle, dans *T'oungpao*, séries 2, vol. IX, Paris, 1898.

Forman (W.) et Bařinka (J.), *L'art ancien en Corée*, Prague, 1962.

Haguenauer (Ch.), Les fouilles en Corée : la tombe du Panier peint, dans *Revue des Arts asiatiques*, t.X, n° 3, Paris, 1936.

—Les récentes fouilles japonaises en Corée, dans *T'oungpao*, vol. XXIII, Leiden,1948.

—Le Ki-kouei de Yi-tsing et le Kye-rim de l'histoire, dans *Shigaku Ronsho*, mélanges offerts au Pr Kanō, Kyōto, 1928.

—Lieux d'asile au Japon et en Corée, dans *Journal asiatique*, Paris, juillet-septembre, 1934.

—Note sur l'existence d'un culte du coq à Silla, dans *Bulletin de la Maison franco-japonaise*, III, 1-2, Tōkyō, 1931.

—A propos de nouvelles recherches concernant la Corée et le Japon antiques, dans *Jounal asiatique*, Paris, juillet-septembre, 1936.

—A propos des go-on, dans *Mélanges de Sinologie* offerts à M. Paul Demiéville, Bibliothèque de l'institut des Hautes Etudes chinoises, vol. XX, 1, Paris, 1966.
（この論文は中国から日本への思想・文化の伝播の上で果たした朝鮮の重要な

役割を明らかにしている）
Li (Ogg), *Recherche sur l'Antiquité coréenne——ethnie et société de Koguryŏ*, Paris, 1979.

高麗時代

Haguenauer (Ch.), Les Gores, dans *Bulletin de la Maison franco-japonaise*, II, 3-4, Tōkyō, 1930.
—Encore la question des Gores, dans *Jounal asiatique*, Paris, Javier-mars 1935.
—Relations du royaume des Ryūkyū avec les pays des mers du Sud et la Corée, dans *Bulletin de la Maison franco-japonaise*, III, 1-2, Tōkyō, 1931.
Hambis, Note sur l'histoire de Corée à l'époque mongole, Dans *T'oung-pao*, vol. XLV, Leiden, 1957.
Henthorn (W.E.), *Korea, the Mongol invasions*, Leiden, 1953.

李朝時代と日本の支配

Bishop (I.B.), *Korea and her Neighbours, 2* vol., London,1905.
Chung (H.), *The Case of Korea*, New York, 1921.
Grajdanzev (A.J.),Modern Korea, New York,1944.
Mckenzie(F.A.), *The Tragedy of Korea*, London, 1908.
Nelson (F.), *Korea and the Old Order in Eastern Asia*, Baton-Rouge, 1946.

その他の諸文献

Boots (J.L.), The History of Korean Medicine, dans *Transaction of the Korea Branch of the Royal Asiatic Society*, vol.6, Séoul, 1940.
Bourdaret (E.), *Religion et supersutition en Corée*, Lyon, 1904.
Choe (S.S.), *A study of Monk Play of Ha-hwe*, Séoul, 1959.
Choi (A.), *L'érection du premier vicariat apostolique et les origenes du catholicisme en Corée*, Fribourg, 1961.
Clark (C.A.), *Religions of Old Korea*, New York, 1932.
Dallet, *Histoire de l'Eglise de Corée*, 2 vol., Paris, 1874.
（『朝鮮教会史』の序論部分は『朝鮮事情』と題して日本語訳がある——金容権訳, 平凡社・東洋文庫, 1979年.）
Eckardt (A.), *Geschichte der Koreanischen Literatur*, Leiden, 1966.
—*Koreanische Musik*, Leipzig, 1935.
Haguenauer (Ch.), Le coréen, dans *Les langues du monde*, Paris, 1952.
—Sorciers et sorcières de Corée, dans *Bulletin de la Maison franco-japonaise*, Tōkyō, 1929.
Honey (W.B.), *Corean Pottery*, London, 1947.
Kim (C.-W.) et Kim (W.-Y.), *La Corée, 2000 ans de créations artistiques*, Paris, 1966.
Kim (W.-Y.), *Early Medieval Type in Korea*, Séoul, 1954.

Lautensach (H.), *Korea : Eine Landeskunde auf Grund Eigener Reisen und der Literatur*, Leipzig, 1945.
—*Korea : Land, Volk, Schicksal*, Stuttgart, 1950.
Lee (P.H.), *Korean Literature, topics and themes*, Tuscan, 1965.
Li (Ogg), La Corée, dans *Histoire des spectacles*, Paris, 1965.
—Littérature moderne et contemporaine de la Corée, dans *Dictionnaire des Littératures*, vol.I, Paris, 1968.
Ministère des Affaires étrangères de Séoul, *Korean Arts*, vol.I (Painting and sculpture), vol.II (Ceramics), Séoul, 1956 et 1961.
Paik (L.G.), *The History of Protestant Missions in Korea (1832-1910)*, P'yŏng-yang, 1929.
Ramstedt (G.J.), *A Korean Grammer*, Helsinki, 1939.
Sohn (P.-K.), Early Korean Printing, dans *Jounal of the American Oriental Society*, vol.79, no2, 1959.
Starr(F.)., *Korean Buddhism*, Boston, 1918.
Suh (D.-S.), *Korean Literary Reader,with Short History of Korean Literature*, Séoul, 1965.
Vos (F.), Letteratura Coreana, dans *Le Civiltà dell'Oriente*, vol.II, Rome, 1957.
Youn (E.-S.), *Histoire du confucianisme en Corée*, Paris, 1939.

日本語による一般的な通史・入門書

旗田巍『朝鮮史』, 岩波書店, 1951年（絶版）.
朝鮮史研究会『朝鮮の歴史（新版）』, 三省堂, 1995年.
梶村秀樹『朝鮮史――その発展』, 講談社現代新書, 1977年.
李基白『韓国史新論』, 学生社, 1979年.
朝鮮史研究会『新朝鮮史入門』, 龍渓書舎, 1981年.
梶村秀樹『朝鮮現代史の手引』, 勁草書房, 1981年.
李成茂『朝鮮王朝史』上・下（金容権訳）, 日本評論社, 2006年.

訳者略歴
金容権（キム・ヨングォン）
一九四七年生まれ。一九七一年早稲田大学文学部卒。
朝鮮現代史専攻。
主要著訳書
『日本帝国の成立』（日本評論社）
朴泰遠『金若山と義烈団』（皓星社）
ダレ『朝鮮事情』（平凡社）
李成茂『朝鮮王朝史』上・下（日本評論社）

朝鮮史［増補新版］

二〇〇八年三月三〇日第一刷発行
二〇一〇年五月二〇日第二刷発行

訳者 © 金　容　権
発行者 及　川　直　志
印刷所 株式会社 平河工業社
発行所 株式会社 白　水　社

東京都千代田区神田小川町三の二四
電話 営業部〇三（三二九一）七八一一
編集部〇三（三二九一）七八二一
振替 〇〇一九〇―五―三三二二八
郵便番号一〇一―〇〇五二
http://www.hakusuisha.co.jp
乱丁・落丁本は、送料小社負担にてお取り替えいたします。

製本：加瀬製本

ISBN978-4-560-50922-7

Printed in Japan

文庫クセジュ

語学・文学